AF277878

EL LIBRO INFINITO

Antonio Lozano (Barcelona, 1974) es licenciado en Ciencias de la Comunicación por la Universitat Autònoma de Barcelona y doctor en Humanidades por la Universitat Pompeu Fabra. Tras realizar una beca en la revista *Quimera* entre 1995 y 1997, ejerció de responsable de secciones de la revista *Qué Leer* entre 1997 y 2008, medio para el que siguió escribiendo hasta 2014. Actualmente colabora como periodista literario en *Librújula,* el suplemento *Cultura/s* del diario *La Vanguardia,* el suplemento *Quadern* del diario *El País* y la revista *Lengua.* Es coautor del libro *Seix Barral. Nuestra historia (1911-2011)* y de la trilogía juvenil *Terror en la red.* También es autor del ensayo *Lo leo muy negro. Travesías por crímenes reales e imaginarios* (Destino) y de diversos libros infantiles. Ejerce de traductor y en la actualidad coordina el club de lectura del Centre de Cultura Contemporània de Barcelona (CCCB), el de la biblioteca Agustí Centelles de la misma ciudad y el del cuerpo policial de los Mossos d'Esquadra. Entre 2018 y 2023 dirigió la colección Serie Negra del sello RBA y desde 2021 ejerce de comisario del festival La Noche Más Negra de Penguin Random House Grupo Editorial, dedicado a la novela negra y al thriller.

ANTONIO LOZANO

EL LIBRO INFINITO

Cómo David Foster
Wallace asombró
al mundo

EN DEBATE

Papel certificado por el Forest Stewardship Council®

Primera edición: mayo de 2026

© 2026, Antonio Lozano Sagrera
© 2026, Penguin Random House Grupo Editorial, S.A.U.
Travessera de Gràcia, 47-49. 08021 Barcelona

Diseño de la colección: PRHGE/Nora Grosse

Printed in Spain – Impreso en España

ISBN: 979-13-88092-10-7
Depósito legal: B-4.220-2026

Compuesto en La Nueva Edimac, S. L.
Impreso en Huertas Industrias Gráficas, S. A.
Fuenlabrada (Madrid)

C092107

A mi madre. Si DFW reía con la suya a propósito de las manzanas —¡confundir a Wittgenstein con el aparato digestivo!—, nosotros lo hacíamos con otra fruta —¡no me seas melocotón!—.

Apunte previo

La historia oficial de David Foster Wallace –a partir de ahora, DFW, siglas que ya son una convención, aunque cabe recordar que el deseo del autor era firmar sus libros como David Wallace, un nombre propio demasiado común para que un editor lo aceptara– es la de un genio dotado de una capacidad retórica a años luz de la de sus coetáneos, que lo convertía en objeto de culto, especialmente entre los jóvenes, por poseer un cerebro privilegiado que se manifestaba en una prosa endiabladamente retorcida y perspicaz. La historia secreta de DFW es la de un depresivo crónico desde sus años universitarios, necesitado de medicación para continuar con vida, al que le preocupaba enormemente caer en la autoindulgencia derivada de practicar un estilo vanguardista que, enfrentado al peligro de virar hacia el exhibicionismo y la pose, condujera a que el lector perdiera de vista sus principales objetivos como escritor, sintetizados en esta declaración propia: «La ficción trata de lo que supone ser un jodido ser humano […] y debería ayudarnos a sentirnos menos solos con nosotros mismos».

A principios de 1996, aterrizaba en las librerías de Estados Unidos un mamut de novela, *La broma infinita* (la traducción en castellano no se publicaría hasta 2002), que había generado una expectación descomunal, tanto por el talento demostrado por su autor con sus dos libros previos –*La escoba del sistema* y *La chica del pelo raro*– como porque las reseñas previas anunciaban la llegada de una obra tan genial como inclasificable, una *rara avis* que abría nuevos caminos en la narrativa y que estaba llamada a devenir en un clásico. Treinta años después, la arborescente e hiperbólica historia de la excéntrica familia Incandenza, de un centro de rehabilitación para alcohólicos y drogadictos, de un grupo terrorista quebequés en pie de guerra contra Estados Unidos y de una película fatalmente adictiva –los cuatro hilos más gruesos de un tapiz compuesto por centenares– continúa deslumbrando a sucesivas generaciones de lectores y ha impulsado infinidad de artículos, estudios y seminarios por todo el mundo.

Obra maestra capaz de desafiar todos los presupuestos sobre el género para algunos, o un Everest de pretenciosidad imposible de escalar para otros, *La broma infinita* conserva intacta su capacidad de fascinación y también de controversia. La Gran Ballena Blanca de DFW encaja a un tiempo con la maldición lanzada por James Joyce respecto a su *Ulises* –escribir una novela que tendría a críticos y profesores debatiendo durante siglos sobre sus significados– y para muchos no acaba de despejar la incógnita de si no estaremos frente a una tomadura de pelo tirando a demencial. No es casual que se haya apuntado con frecuencia que *La broma infinita* hizo por Boston lo que *Ulises* por Dublín, ni que la primera tomara con más argumentos el relevo de la segunda como obra más adquirida y citada sin haberla abierto siquiera; herramientas de estatus y objetos decorativos. En cualquier caso, DFW mantiene su plaza como uno de los mayores colosos de las letras estadounidenses recientes, poseedor de un estilo único y deslumbrante, cuya mirada y prosa son garantía de asombro con cada (re)lectura. Y si, ambicioso, desmesurado y genial, DFW tuvo algo de doctor Frankenstein, su monstruo, su criatura, prodigiosa, imposible y desafiante, fue sin duda *La broma infinita*.

1

Hoy en día, cuando la literatura ha perdido brillo y poder de seducción en el ámbito del entretenimiento, en tiempos de atención limitada, ritmo acelerado, cápsulas de contenido de fácil digestión y Tik-Tok erigido en fuerza prescriptora, la idea de que una novela compleja, larguísima, anegada de notas y con la adicción como epítome del mal contemporáneo en su centro deviniera un fenómeno cultural y acabara penetrando en la esfera pop puede antojarse una extravagancia, una locura, un milagro o una leyenda urbana. Sin embargo, ocurrió.

El 1 de febrero de 1996 llegaba a las librerías estadounidenses *La broma infinita*, tercer libro –tras la novela *La escoba del sistema* (1987) y la colección de relatos *La chica del pelo raro* (1989)– de un licenciado *summa cum laude* en Literatura y Filosofía, y con un posgrado en escritura creativa, que hasta entonces había despertado la atención de un limitado número de lectores, académicos y críticos, seducidos sobre todo por su pirotecnia verbal y juegos posmodernos. Aunque obviamente nada se crea *ex novo*, *La broma infinita* transmitía la sensación de ser un planeta flotando en su propia galaxia, un objeto literario no identificado. ¿Qué demonios era esa roca que te ahorraba hacer pesas en el gimnasio si la acarreabas el tiempo suficiente de arriba abajo (el propio DFW bromeó con su carácter multiusos al poder utilizarla como plataforma para hacer *steps*), y te obligaba a simultanear dos puntos de libro (uno para el texto normal y otro para las notas)? ¿De qué trataba esa rareza que no parecía poseer una trama definida, cuyas doscientas primeras páginas te reclamaban esfuerzo y compromiso para empezar a situarte medianamente y que se sostenía en una riqueza verbal que hacía que te preguntaras si el autor habría sido criado por una familia de diccionarios? ¿Acaso *La broma infinita* era una broma infinita?

Treinta años después de su publicación original, la novela va mucho más allá de las etiquetas de costumbre –«obra maestra/referente/clásico de la ficción estadounidense contemporánea»– al haber mantenido un seguimiento constante (se sigue reeditando y hace una década se estimaba que había vendido en torno a un millón de ejemplares en todo el mundo), merecido un sinfín de estudios desde las más variadas disciplinas (el corpus general de DFW es materia de análisis en la programación de múltiples centros universitarios) y conservado su lugar en el imaginario colectivo como sinónimo de libro exigente y asombroso que otorga una determinada aura a sus lectores (particularidad que ha recogido la cultura popular). En el marco de la gran ambición literaria, ninguna obra posterior ha generado un impacto remotamente similar. *La broma infinita* tardó seis años en llegar a España –lo hizo en 2002– por el empecinamiento demencial del editor Claudio López Lamadrid, que siempre tuvo a DFW en su trono de amores salvajes.

Javier Calvo, novelista y traductor de gran parte de la obra del autor, recuerda que López Lamadrid se empecinó en volcar al castellano a la nueva hornada de autores estadounidenses en un momento en el que Anagrama, el sello que seguramente más atención había prestado a la literatura de ese país hasta entonces, ponía sobre todo el foco en la escudería británica de los Amis, Barnes, McEwan, Kureishi y compañía (el grupo al que Jorge Herralde bautizaría con perspicacia comercial y resonancia futbolística como *dream team*). Deseoso de que DFW abanderara a los talentos emergentes de Estados Unidos dentro de la línea narrativa de la por entonces Random House Mondadori, el editor contó con esfuerzos ímprobos del traductor Marcelo Covián, poeta argentino afincado en Barcelona desde los años setenta. Su trabajo fue revisado por Javier Calvo, que insiste en señalar que mucha más gente de la editorial colaboró en pulir la versión en castellano, una labor que llevó a Covián a las puertas del colapso. El propio DFW señaló que el inglés del libro era tan «idiomático» que condenaba todo esfuerzo de verterlo a otra lengua a una aproximación bienintencionada. Fuera o no una misión imposible que cualquier traducción le hiciera justicia suficiente al original (¿y cómo medimos eso?), no cabe duda de que son contados los títulos de narrativa internacional cuya complejidad y extensión los sitúan en un plano similar de locura/temeridad editorial: *Casa de hojas* de Mark Z. Danielewski, *Los reconocimientos* de William Gaddis, *Contraluz* de Thomas Pynchon, *Submundo* de Don DeLillo, *Solenoide* de Mircea Cărtărescu y pocos más.

2

Entre los adjetivos más desgastados por el uso se encuentra sin duda el de «genial». El término está en boca de cualquiera para elevar a los cielos de la magnificencia la valoración de todo aquello que se aprecia y disfruta con intensidad. El gusto es subjetivo, pero la gratuidad con la que se recurre a esta hipérbole en concreto parece fuera de discusión. La primera reacción que suele provocar la lectura de un texto de DFW –ya sea un ensayo, un relato o una novela– es la percepción de su genialidad, es decir, se produce de inmediato el reconocimiento de un cerebro que funciona con una corriente eléctrica propia. Puede o no parecer «genial» en el sentido de «sobresaliente» o «que causa deleite», aquí entraría la preferencia personal, pero la potencia intelectual y artística es tan perceptible como la succión en el ojo de un huracán. La genética debió tener su parte de culpa desde el momento en que su padre, profesor de Filosofía, le leía *Moby Dick* con cinco años, y su madre, profesora de Lengua y Literatura, estaba tan obsesionada con la gramática que tosía cuando sus hijos incurrían en algún error, y les hacía citar el número pi cada vez que le pedían *pie*, es decir, tarta, términos homófonos (lo que nos conduce a pensar que en cierto modo el escritor, y su hermana, sí fueron criados por una familia de diccionarios).

El currículum académico ya despejó cualquier posible reserva acerca de las altas capacidades del joven: doble licenciatura con honores en la Universidad de Amherst (Massachusetts) en cada una de las especialidades de sus progenitores. La tesis doctoral en la de la madre fue la escritura de la novela *La escoba del sistema*, completada con veintitrés años, sin ninguna experiencia previa y que sería adquirida por un sello literario. La tesis doctoral en la del padre fue una disertación en el campo de la lógica modal en la que, a lo largo de setenta y seis páginas de argumentos semánticos y metafísicos, rebatía la idea de fatalismo expuesta por el filósofo Richard Taylor en un ensayo de 1962. El resultado fue publicado póstumamente con el título *Fate, Time, and Language: An Essay on Free Will*, y es muy probable que se trate del mayor best seller en este abstruso campo de la filosofía, dado que la legión de fans del autor estaba dispuesta, como suele decirse, a comprarle hasta la lista del supermercado.

Cabe tener en cuenta que parte de la singularidad de la obra de DFW radica en una formación temprana en materias como la lógica, la semiótica y las matemáticas que, si bien abandonó en beneficio de la literatura, permearon con frecuencia el contenido y la estructura de sus libros. El propio autor declaró que su interés por la narrativa no llegó hasta los veintidós años. Ni en el colegio ni en el instituto había mostrado una inclinación especial por las palabras; las redacciones y trabajos que se conservan de esa etapa no llaman particularmente la atención. Fue solo tras descubrirse asfixiado y constreñido por los modelos lógicos, con los que topa con una suerte de callejón sin salida que lo encierra más en sí mismo, que se desvía hacia la literatura. En ella todo fluía y la sensación era de despegarse ligeramente del asiento, una levitación placentera. «Escribir fue lo primero que descubrí que disfrutaba de veras y a lo que podía entregarme sin tener la sensación de que me estaba matando», apuntó. Su compromiso con la literatura se consolidaría con un posgrado en escritura creativa por la Universidad de Arizona y la aparición en 1989 de la selección de relatos *La chica del pelo raro*, muy apegados aún a la caja de herramientas de la metaficción y el posmodernismo.

DFW aseguró que *La escoba del sistema* le había permitido usar el 97 por ciento de su capacidad intelectual, mientras que la filosofía no le exigía más del 50 por ciento. Esto no significa que su ópera prima no estuviera profundamente marcada por el discurso filosófico, sobre todo por la figura de Ludwig Wittgenstein, al que idolatraba. Curiosamente, la evolución del pensador vienés se correspondió en buena medida con la suya propia, pues si en la siguiente declaración de DFW cambiamos «*Tractatus*» por «la obra anterior a *La broma infinita*» e «*Investigaciones filosóficas*» por «la obra a partir de *La broma infinita*» obtenemos un cuadro bastante fiel de la reorientación de sus intereses:

Encuentro que las ideas de Wittgenstein sobre el lenguaje encierran un sentimiento trágico. En su frialdad y abstracción, el *Tractatus* es la obra de filosofía más solitaria que cabe leer. Luego evolucionó. Una de las cosas que hacen de él un artista, en mi opinión, es que su horror ante la idea del solipsismo lo llevó a desdeñar la perfección que había alcanzado, decidiéndolo a sumergirse en las profundidades de las *Investigaciones filosóficas*, que constituyen el argumento más hermoso que se haya hecho jamás en contra del solipsismo.

La mente prodigiosa de DFW también tuvo sus gemelos oscuros. El más fecundo para su obra fue la mente en llamas, que entenderemos por aquella abonada al pensamiento exacerbado, recursivo, absorbente, obsesivo y a la postre aislante y paralizador; no en vano los riesgos del solipsismo fueron uno de sus temas predilectos. En este sentido, se puede argumentar que el autor escapó de la prisión de las proposiciones filosóficas y matemáticas para explorar otra prisión, la de las palabras, que siempre se quedan cortas a la hora de explicar el mundo y permitirnos la comunicación con el prójimo. El más destructivo para su obra (y para sí mismo) fue la mente enferma, resultado de la depresión que padeció desde adolescente y que acabaría empujándolo al suicidio.

DFW vivió su genialidad como un don y una condena; le hizo quien fue, pero también generó un culto en torno a su persona que incitaba a la soberbia y a la adicción al elogio. «Si adoras la inteligencia te acabarás considerando un fraude a punto de ser descubierto», dijo en su discurso de graduación a los estudiantes del Kenyon College, luego recogido en forma de libro en *Esto es agua*. Los peligros del éxito quedaban reflejados en la figura del tenista Clipperton en *La broma infinita*, un adolescente obsesionado con ser el número uno y que juega con una pistola semiautomática Glock 17 apuntándose a la cabeza, dejando clara «su intención de volarse los sesos públicamente, allí mismo, en la pista, si llegaba a perder aunque solo fuera una vez». Una parábola de cómo la búsqueda de la gloria a cualquier precio era un camino hacia la autodestrucción absoluta. DFW comparó la fama con el Ojo de Sauron, representación de la mirada vigilante e intimidante del Señor Oscuro en *El Señor de los Anillos*. Igual que Clipperton, la ansió, pero cuando la obtuvo le trajo principalmente problemas, afectando a su concentración y confianza en sí mismo.

3

Tras una fuerte recaída en su trastorno depresivo –al que se refería con desacostumbrada simplicidad como «The Bad Thing»– mientras cursaba un posgrado en Filosofía en la Universidad de Harvard (la disciplina continuaba interesándole, aunque ya había descartado consagrarse profesionalmente a ella), DFW tuvo que ser ingresado en la unidad de atención psiquiátrica del Hospital McLean de Belmont (Massachusetts), donde a lo largo de cuatro semanas completó un programa de desintoxicación de drogas y alcohol, y recibió terapia y medicación. Lo que sin duda debió ser una experiencia durísima también supuso una lección de humildad, una fuente de inspiración y una reorientación de sus intereses literarios, en definitiva, un punto de inflexión personal y creativo que lo cambiaría todo. Las sesiones en grupo y las charlas con los otros pacientes en las salas comunes le proveen de una serie de historias personales (y, ejem, presuntamente confidenciales), de voces y de jergas que alimentarán a su futuro monstruo, uno de cuyos pilares es precisamente la adicción y uno de sus focos, la Ennet House, una residencia para personas en proceso de rehabilitación. DFW toma apuntes sin descanso en sus blocs de notas y tiene una iluminación (su paso por el hospital supone definitivamente su camino de Damasco): la ficción es, por encima de todo, el intento por explicar qué nos hace humanos, un acto íntimo entre dos mentes, un puente que conecta a dos extraños. Elaboraría esta idea en el transcurso de una entrevista con el suplemento literario *Babelia*, que vio la luz en noviembre de 2002:

Una obra de ficción es una conversación que permite enfrentarse a la soledad esencial que se da en el mundo. Entre los seres humanos se da una situación de incomunicabilidad de emociones. La comunicación entre el creador y el lector es algo extraordinariamente misterioso. La buena literatura provoca una experiencia que permite trascender el aislamiento de orden subjetivo. Es como una epifanía, en el sentido que le daba Joyce al término, una revelación, la sensación de armonía y perfección que se siente en presencia de la obra bien hecha, de la obra de arte que logra su cometido. Es como un clic, el sonido que hace una caja que está perfectamente elaborada al cerrarse. El efecto inefable que provoca el contacto con la obra de arte. La comunicación entre distintas conciencias pensantes que se deriva de la contemplación de la belleza poética. En el acto de la lectura se da un componente que es el intento de establecer comunicación con otra conciencia, una interpenetración. Lo que llamo el *clic* es la capacidad de reconocer pensamientos y sentimientos que el lector siente como suyos, pero que no es capaz de verbalizar. Yo, como lector, en el momento de la lectura siento que el autor ha dado con las palabras que necesito para dar expresión a mis sentimientos. No les he dado forma yo, pero no por eso son menos mías: gracias al poeta, al escritor, han sido transfiguradas y expresadas en una frase de gran belleza. En ese momento, el mundo cobra plenitud, solidez, rectitud.

Criado en un entorno familiar protector y de grandes inquietudes intelectuales, con una formación y unos resultados académicos de primer nivel, DFW encontró en una de sus horas más oscuras, en un limbo poblado de individuos de otra extracción social y rebosantes de historias de caída y redención, una dirección, un propósito y un (tras)fondo para su obra. Más adelante confesaría que los clichés que indefectiblemente se repetían en los mensajes que alentaban a la superación personal en las sesiones de Alcohólicos Anónimos, a las que ya nunca dejaría de asistir, pasaron de resultarle de una vulgaridad insufrible a revelarle ciertas verdades indiscutibles. Como apuntaba el periodista y editor David Streitfeld, compilador y prologuista de la selección de entrevistas *David Foster Wallace. The Last Interview and Other Conversations*: «Parte de *La broma infinita* puede leerse como un esfuerzo por transmutar los clichés de reafirmación vital de Alcohólicos Anónimos en algo más sofisticado pero de una eficacia pareja».

La escritora Mary Karr –a quien DFW conoció precisamente en Alcohólicos Anónimos y con quien mantuvo una relación sentimental tempestuosa en la que aseguró que se produjeron amenazas y episodios de violencia– le había reprochado que su fijación con parecer inteligente en sus textos cerraba la entrada a material significativo y sincero (argumento ligado a otra de sus puyas contra su colega y examante, a saber: que sus padres habían sido unos monstruos que le habían inculcado una idea de superioridad que lo llevó por la senda de la infelicidad). Aunque DFW habría dicho en privado que en el origen de *La broma infinita* estuvo el propósito de impresionar a Karr, lo cierto es que supuso su salida del laberinto irónico, posmoderno y metaficcional que había caracterizado sus dos libros anteriores, *La escoba del sistema* y *La chica del pelo raro*, en los que no dejaba de recurrir a sus artificios y trucos pese a asegurar buscar su cuestionamiento. Si primero había escapado de la trampa del lenguaje filosófico, ahora escapaba de la trampa del lenguaje literario desprovisto de alma. Su obra se abría al mundo (lo que no quiere decir que se simplificara). Igual que tachaba el tatuaje dedicado a Karr de su piel, abandonaba la pleitesía a autores como Thomas Pynchon o John Barth para encauzar sus lecciones hacia una exploración más profunda y sensible de la condición humana.

4

En el transcurso de la mayoría de las entrevistas que concedió para promocionar *La broma infinita,* DFW tuvo que desmentir que se tratara de una novela posmoderna, defendiendo por el contrario que la consideraba «realista» (lo que no era lo mismo que adscribible a lo que la tradición consideraba realismo literario). El desconcierto de sus interlocutores era comprensible. Su creador estaba lejos de haber transitado por los caminos literarios convencionales. Para empezar, en el ámbito narrativo, no había una «historia» propiamente dicha o, en palabras de DFW, «quien da una trama a su novela es un vendedor de detergente». En el formal, abundaba el lenguaje hiperespecializado y técnico, así como la jerga. ¿No estaba aquello más cerca de un experimento o de las vanguardias que de ninguna otra cosa? No, exclamaría el autor. Pero antes, situémonos un poco.

En una simplificación salvaje, la literatura, a imagen del resto de las disciplinas artísticas, se ha dividido entre los que han aspirado a reflejar el mundo tal cual es (colocarle un espejo, según Balzac) y los que han pretendido mostrarlo como se percibe (atender a lo que la mente procesa e interpreta de él). Los primeros parten de la base de una realidad objetiva y compartida; los segundos entienden la realidad como un fenómeno subjetivo y personal. Los realistas usan el lenguaje al modo de las sales de plata que revelarían los elementos identificables de lo que había dentro y fuera del individuo; los no realistas ven en el lenguaje una herramienta por medio de la cual canalizar el desorden, la velocidad, la falibilidad, la confusión y la limitación con la que nuestros sentidos experimentan la vida interior y exterior. El realista describe la emoción que embarga al observador de unos almendros en flor y el lector siente el corazón henchido mientras visualiza ese regalo de la naturaleza. El no realista compagina la asociación del árbol con determinada forma geométrica y su comparación con un ejemplar atisbado en un manual de botánica, lo que lo lleva a un recuerdo de infancia que adquiere un nuevo significado a la luz del presente, todo esto mientras advierte los mínimos cambios en su temperatura corporal con la llegada del atardecer, conjetura acerca de los vínculos que unen a un grupo de personas cercanas y se pregunta por todo lo que ha contemplado aquel ejemplar magnífico en el transcurso de las décadas.

Dentro de los parámetros de la literatura estadounidense, y consciente de una infinidad de matices, desvíos y puntos de intersección que obligan a insistir en lo de la simplificación salvaje, Willa Cather, Louisa May Alcott, Henry James, Herman Melville, Mark Twain, Edith Wharton, John Steinbeck o Harper Lee permanecen en el bando de los realistas, mientras que Edgar Allan Poe, William Faulkner, Joseph Heller, Charlotte Perkins Gilman,

John Dos Passos, Flannery O'Connor, Kurt Vonnegut o Shirley Jackson están en el de los no realistas. Desde mediados del siglo pasado, la bifurcación se hizo más evidente y marcada con la escuela minimalista que venía de Ernest Hemingway y tenía a Raymond Carver como mascarón de proa, por un lado, y la escuela posmoderna que compartía afán transgresor con los beatniks liderados por Jack Kerouac, y que contaba con John Barth, William Gaddis y Thomas Pynchon como cabezas visibles, por el otro.

Se podría decir que en el momento en que DFW comienza a escribir las ínfulas realistas llevan mucho tiempo desacreditadas; lo que pretenden hacernos pasar por Realidad no es más que un conjunto de convenciones, o acuerdo de mínimos, que la propia literatura ha incentivado para generar la ilusión de que la vida es descifrable, el arte capta el mundo y la palabra ofrece consuelo. En paralelo, los no realistas han ido radicalizando tanto sus posturas por medio del arsenal irónico, autoficcional y posmoderno, que han acabado despojando al lenguaje de su esencia –ofrecer un modelo con cierto sentido del mundo, comunicar la experiencia y transmitir emociones–, centrándose en explorar sus posibilidades lúdicas y verlo todo en términos de artificio. En otras palabras, la experimentación los ha devorado hasta alcanzar un callejón sin salida; gritan en el desierto o en el espacio, ahí donde ya nadie puede oírlos. (De hecho, «Westward the Course of Empire takes Its Way», la novela corta que cierra *La chica del pelo raro*, es un intento de mostrar el uróboro en el que se había transformado el posmodernismo en forma de carta abierta al relato «Lost in the Funhouse» de John Barth).

Durante la entrevista ya citada con *Babelia*, el propio DFW lo argumentaba así:

La mayoría de los escritores jóvenes en activo cultivan lo que yo llamo Realismo, con mayúscula, escriben de manera tradicional, en tercera persona, bajo la mirada limitada a un narrador omnisciente, con un personaje y un conflicto centrales. Es un tipo de ficción estructurado a la manera clásica. De los escritores con los que se me asocia hay algunos entre los que le acabo de mencionar con los que tengo algo en común. De manera especial, cuando fuimos a la universidad se nos expuso a toda una serie de corrientes: en primer lugar, la teoría literaria europea y, en segundo lugar, lo que se entiende por ficción norteamericana posmoderna, es decir, Nabokov, DeLillo, Pynchon, Barth, Gaddis y Gass, todo ese grupo. Haber estado expuesto a esos dos tipos de influencias hace que resulte constitutivamente más difícil escribir de manera tradicional, porque la verdad es que parte de la mejor ficción posmoderna clásica, para mí, hizo saltar por los aires la credibilidad del realismo clásico y sus estrategias. [...] En mi opinión, lo que se entiende por «posmodernismo norteamericano clásico», también conocido como «metaficción», una forma elevada de ficción que a veces tiene tintes surrealistas, es de una utilidad muy limitada, es decir, su tarea esencial, me parece a mí, consistió en destruir el modelo heredado, en allanar el camino haciendo reventar una enorme cantidad de hipocresías y convenciones, pero literariamente el resultado enseguida se convierte en algo muy cansino. Por ejemplo, los primeros libros de John Barth me parecen interesantes, pero después lo que hizo fue repetir hasta el agotamiento ciertas técnicas y obsesiones. En mi opinión, Barth es el ejemplo más vívido de por qué yo, al igual que todos los escritores que mencioné antes, no nos sentimos cómodos con la idea de seguir cultivando el tipo de ficción que hacían los posmodernos. Se ha llegado a un punto límite. Por otra parte, aquella manera de entender la literatura ha influido mucho en nosotros, como resultado de lo cual, al menos en mi caso, no es posible ver, entender ni intentar capturar o reflejar el mundo a través del molde de la ficción realista clásica. [...] Lo que quiero dar a entender con todo esto es que probablemente el grupo en el que se me incluye ha estado bajo la poderosísima influencia del posmodernismo, tanto el norteamericano como el europeo. Estoy pensando en escritores como Calvino. También han influido en nosotros algunos escritores latinoamericanos, como Borges, Márquez y Puig. De todos modos, me resulta un tanto incómodo hablar de mí mismo como parte de un posmodernismo intelectual de vanguardia, como un movimiento estándar cuyo fin es escribir un tipo de ficción que no responda al uso de fórmulas tradicionales, pero que al mismo tiempo busque que la escritura tenga una textura emocional en lugar de limitarse a poner en práctica meros juegos de lenguaje o a jugar con paradojas cognitivas, una forma de escritura que siga teniendo relación con la experiencia de lo que significa en particular ser norteamericano, procurando evitar escribir a la manera tradicional de gente como John Updike o John Cheever.

La broma infinita puede entenderse como una especie de tercera vía, una forma de conciliar lo mejor de ambos mundos, de acudir a las herramientas formales que los no realistas propulsaron con la premisa de que, más que nunca, no hay otra manera de hacerle justicia a cómo nuestro cerebro absorbe un entorno saturado de estímulos en la actual coyuntura de capitalismo tecnológico y entretenimiento inabarcable, sin perder de vista que en el proceso hay que tocar la fibra emocional del lector. Guiños, piruetas, sobrentendidos, burlas, «genialidades»... todas son bienvenidas, pero el almendro también ha de provocar suspiros.

5

Everest, puerto de categoría especial, Marathon des Sables... los símiles con los que referirse al desafío extremo que supone para la mayoría la lectura de *La broma infinita* podrían hacer fruncir el ceño de cualquiera que confundiera la voluntad de DFW de interpelar emocionalmente a los lectores con la adopción de vías directas, convencionales o accesibles para lograrlo. No es aventurado imaginar que el escritor habría privilegiado la fórmula del grado de dificultad, a saber, $GD = \left(\frac{h}{10}\right) + p$, para ilustrar cualquier referencia al concepto, pero aún más evidente es que, sin dejar de ser consciente de la exigencia que colocaba sobre nuestros hombros, su objetivo era que, por el camino, y al final del trayecto, recolectáramos recompensas ganadas a pulso. Su voluntad quedó resumida en este comentario: «Nadie quiere que su ficción intimide. Nuestro deseo es que seduzca».

Si le preguntas a la inteligencia artificial de Google cuánta gente abandonó *La broma infinita,* te brinda lo opuesto, la cifra estimada de quienes sí la completaron, que sitúa en un 6,4 por ciento, aunque no informa de dónde sale (¿cómo es siquiera posible realizar un cálculo así?) y pasa de inmediato de lo más específico a la generalidad más vaga al concluir que «dado que el libro vendió más de un millón de ejemplares en todo el mundo, un número significativo de personas no lo terminó». La intimidación de la que abjuraba el propio creador procedía de dos fuentes principales: la extensión y la complejidad. Michael Pietsch, el editor de la novela para Little, Brown and Company, que trabajó codo con codo con el autor en los múltiples borradores, sugiriendo y revisando sin descanso, fue el gran mediador en ambas amenazas. (Señal de cuánto marcó a todos los que trabajaron en el manuscrito de *La broma infinita* es que Pietsch, que ejerció como CEO de varios grupos editoriales de relevancia a lo largo de cuarenta y cinco años, ha declarado reiteradamente que su colaboración con DFW fue la cúspide de su carrera).

Sobre la extensión, un libro que sobrepasaba las mil páginas no solo podía desincentivar la lectura, sino que acarreaba unos onerosos costes de producción para la editorial. Pietsch pidió a DFW recortar significativamente el primer borrador –los números bailan entre las doscientas cincuenta y las cuatrocientas páginas sacrificadas, con la posibilidad de que hubiera llegado a constar de mil setecientas en su versión más temprana– para no convertir un mamut en un brontosaurio:

Pronto convenimos que mi papel consistía en someter cada sección del libro a la brutal pregunta: ¿es capaz de vivir sin ella? –le contó el editor a la revista *The Sonora Review*–. Consciente de lo mucho que exigiría de los lectores *La broma infinita*, y lo fácil que sería dejarla a un lado para no retomarla nunca más partiendo del mero factor de su tamaño, David estuvo de acuerdo en que muchos pasajes debían ir fuera, con independencia de lo bellos, divertidos, brillantes o fascinantes que fueran por sí mismos, bajo el simple criterio de que la novela no los requería de un modo absoluto.

(Los fans de DFW ponen velas para que Pietsch publique algún día una *memoir* sobre los intercambios telefónicos y epistolares que convirtieron la edición técnica de la obra en un pulso de titanes, lo que seguramente contribuiría a que cualquier editor de mesa revisara su empleo del término «pesadilla» para definir el trabajo más exigente que ha tenido entre manos. Algunas de las quejas del autor a sus tijeretazos, que el propio Pietsch ha compartido, no tienen desperdicio: «Páginas 327-330. Michael, muestra algo de piedad. A menos que me lo razones con una persuasión digna de Horacio, mis caninos están bien aferrados a esto». «Página 133. He eliminado la pobre nota número 33 sobre el examen de gramática. También pienso borrarla de mi disco duro de seguridad para no sentir la tentación de recolocarla de aquí a una hora –un riesgo imperecedero, según he descubierto–»).

Sin embargo, como un mamut sigue siendo un mamut, el departamento de marketing de Little, Brown and Company, el sello original, buscó transformar una desventaja en una ventaja, jugando la carta del reto en parte de su material promocional al lanzar la pregunta: «¿Eres lector suficiente para *La broma infinita*?». Una pregunta igual de pertinente podría haber sido: «¿Has musculado los bra-

zos lo suficiente para sostener *La broma infinita*?».
Los 1,43 kilos que pesaba cada ejemplar de la edición original, que constaba de 1079 páginas, convirtieron el tamaño de la novela en una broma recurrente (multiplicando aún más la polisemia del título). Que si imposible que cupiera en el bolso, que si imposible encontrar una posición cómoda para leerlo en el transporte público, que si o neverita o libro al ir a la playa, que si riesgo de fracturarte un dedo del pie en caso de caída… Entre los más devotos devino una práctica habitual comprarse dos ejemplares, uno al que ir arrancando las páginas y otro que preservar inmaculado en la biblioteca casera. Un segundo obstáculo en términos de manejabilidad se planteaba con el constante salto entre el texto principal y el conjunto de 388 notas al final de la novela. Aquí la solución era más simple: utilizar dos puntos de libro. No deja de resultar divertido que se tratara de una obra tan desafiante que requiriera también de instrucciones para facilitar la experiencia práctica de su lectura.

Lo que nos lleva al segundo aspecto intimidatorio. Sin duda la interpelación «¿Eres lector suficiente para *La broma infinita*?» iba antes en el sentido de la dificultad que encerraba su contenido que en el del imperativo de estar apuntado a un gimnasio para enfrentarse al continente. Ahora bien, detengámonos un momento a reflexionar. ¿Qué es una novela difícil? ¿Quién determina si lo es o no? Y, para empezar, ¿quién demonios ha dicho que una novela tenga que ser fácil? ¿Por qué ha de resultar problemático que una novela requiera un esfuerzo? La *magnum opus* de DFW reabría un debate de largo recorrido –literatura de evasión/entretenimiento/ligera frente a literatura/seria/de calidad– y que probablemente había vivido su último episodio acalorado con motivo de una de las escasas novelas estadounidenses que arrojaría una cifra mayor que *La broma infinita* si le aplicáramos la citada fórmula. Hablo de *Los reconocimientos* (1955), la ópera prima de William Gaddis dedicada a la figura del pintor-copista Wyatt Gwyon, una de las cumbres del modernismo cuya influencia irradió a buena parte de la literatura experimental de la segunda mitad del siglo XX.

En respuesta a la incomprensión generalizada de la crítica, Jack Green publicó *Fire the Bastards!* (1962), una serie de tres artículos en una revista *underground* en los que salía en defensa de las virtudes del libro, y sobre todo lanzaba un virulento ataque contra lo que consideraba unos análisis literarios pobres, perezosos y desviados. El mensaje de fondo de Green sobre *Los reconocimientos* encajaba a la perfección en el caso de *La broma infinita*: era responsabilidad del lector entender al escritor, ergo, la tarea del escritor no consistía en amoldarse al lector. Aquí puede verse una conexión de DFW con David Lynch –cineasta al que consagró el ensayo «David Lynch conserva la cabeza», reunido en la colección *Algo supuestamente divertido que no volveré a hacer* y que partió del rodaje de *Carretera perdida*–, en el sentido de que el artista no compromete su visión en aras de la comprensibilidad, crea un mundo cuyas instrucciones solo existen en su mente. Lo tomas o lo dejas.

El tema daría para su propio ensayo; lo interesante aquí es que DFW se planteó su obra no como algo abstruso, impenetrable o endemoniado, pero sí como algo digno de esfuerzo en cuanto resultado de un gran esfuerzo previo por su parte y con el sobrentendido de que el esfuerzo era el camino y la recompensa. Nada profundo y significativo podía obtenerse si el desafío se borraba de la ecuación. En una entrevista concedida al escritor y periodista Eduardo Lago en marzo de 2000, incluida en su ensayo *Walt Whitman ya no vive aquí. Ensayos sobre literatura norteamericana*, DFW declaraba:

> Yo creo que la ficción que escribo es bastante accesible, aunque va dirigida a gente a la que le gusta de verdad leer y piensa que la lectura es algo que requiere disciplina y esfuerzo. Como sabrá, la casi totalidad de lo que se publica en Estados Unidos son libros que a veces pueden ser buenos, pero cuya lectura no requiere demasiado esfuerzo, el equivalente de ir al cine a ver una película entretenida. Casi todo el dinero que genera la literatura procede de libros que la gente lee cuando viaja en avión o está en la playa. Mis libros no son así. La mayor parte de los narradores americanos con los que me relaciono escriben ficción más bien difícil y exigente. Yo creo que soy de los más accesibles, por la sencilla razón de que al escribir no busco intencionadamente complicar las cosas, al revés; procuro que sean lo más sencillas posible. Hay un tipo de ficción, en mi opinión muy buena, que busca deliberadamente ser difícil; obliga al lector a afrontar cierto tipo de estrategias, pero yo no escribo así, por eso no se me suele situar en el campo de los escritores particularmente difíciles. La

gente me suele situar, o eso creo, entre los escritores más bien accesibles, aunque formo parte de un grupo que de entrada no cabe considerar exactamente accesible, un grupo que cultiva un tipo de literatura que exige que los lectores tengan cierta preparación y un amor genuino por los libros, gente que cuando lee se implica estéticamente y para la que la literatura es algo más que un pasatiempo.

Más adelante, en el transcurso de la misma entrevista, el autor rebatía las voces críticas que de algún modo habían reducido su libro a un ejercicio endiablado y presuntuoso, una exhibición lingüística y de recursos formales, negando cualquier intención de haber querido sonar ingenioso o «experimentar por experimentar». De producirse cierto grado de experimentación, nunca había sido gratuito u onanista, sino resultado de la propia naturaleza de lo narrado, «porque el autor no tenía ninguna otra manera de transmitir las dimensiones de experiencia, emoción y conocimiento que encierra en sí el mundo de la historia».

Los mundos físicos y mentales en los que profundizaba DFW estaban definidos por la dificultad, el matiz, la contradicción, la multiperspectiva, la incertidumbre… por lo que la única manera de reflejarlos con honestidad y hacerles justicia era aproximarse a ellos desde sus mismos componentes. Si al escritor le había costado cristalizar sus ideas porque escapaban a cualquier reduccionismo, el lector no podía esperar alfombras rojas o atajos; de haberlos, el mensaje habría quedado diluido, comprometido. En tiempos de atención disminuida que va filtrando la necesidad de que el contenido llegue lo más masticado y accesible posible, *La broma infinita* es un acto de resistencia mayúsculo, una invitación a rebelarse a lo grande. Si acabarla a finales de los noventa o principios de la década de 2000 ya suponía entrar en el club de los elegidos, consumar la gesta hoy en día se antoja digno de abrir telediarios o de cortar la cinta en la inauguración de una biblioteca faraónica.

Una puntualización. Pese a que el esfuerzo compartido es la divisa con la que trafica *La broma infinita*, Michael Pietsch le pidió a DFW no exigir aún más al lector al principio, pues es sabido que el primer tramo de la novela no hace concesiones. Desde el arranque, el escritor estaba decidido a eliminar cualquier señal de trama –su libro no era un detergente que pudiera venderse–, ahuyentar a todo incauto que hubiera caído ahí con el objetivo de ser entretenido, y su deseo original, abortado por los consejos de su editor, fue radicalizar su postura con varios pasajes que acabó sacrificando. (Aviso consolador para aquellos indecisos ante emprender la travesía: la apertura propiamente dicha, las diecisiete primeras páginas en la traducción al castellano, pueden ser desconcertantes, pero quien llegue a puerto descubrirá que suponía una semilla o elemento especular de lo que ocurrirá al cierre, al tiempo que la estructura temporal adquiere de pronto un sentido oculto. Ese clic que realizará el cerebro puede sonar a música celestial).

Puesto que a estas alturas ya habrá quedado claro que no nos hallamos frente a una novela convencional, no cabe aproximarse a ella con ideas preconcebidas acerca de cómo ha de ser el propio ejercicio de la lectura. Linealidad, vertebración o comprensión total son conceptos que desterrar en sus acepciones más habituales. Con docenas de personajes y microhistorias, incontables pasajes humorísticos y un dominio asombroso del lenguaje, *La broma infinita* es un festín al que todo el mundo está invitado, lo que no significa que forzosamente deba gustarle todo, ni siquiera probarlo todo. Quien la abra con la mentalidad de un hilo narrativo fluido y estructurado a la manera tradicional, del que se sale con una sensación de orden, coherencia y lacito conclusivo, lo más probable es que se vea expulsado a las primeras de cambio. Hasta los fans más irredentos vuelven sobre capítulos, pasajes o personajes concretos. Un factor de su singularidad es que cada lector encuentra su propia manera de disfrutarlo y de comunicarse con él, aunque previamente es muy probable que deba cuestionarse el modo en que se ha enfrentado por sistema a la literatura. DFW consiguió con *La broma infinita* aquello que el escritor y crítico Ricardo Piglia reservaba para las grandes novelas: cambiar cómo interactuamos con el texto, es decir, (re)enseñarnos a leer. Un incentivo (anecdótico) para no desfallecer es ver de qué lado se posiciona respecto a una pregunta que divide a académicos y lectores en general: ¿se vuelve el libro progresivamente más accesible, reproduciendo las dinámicas de Alcohólicos Anónimos mostradas en sus páginas, en las que cuanto más avanza uno en la odisea de desengancharse, sesión tras sesión, más nítida y factible parece la meta?

DFW articuló sus preocupaciones a través de un lenguaje que erupciona sin descanso en una prosa tentacular que refleja nuestro paradigma social, económico y cultural (comunicaciones multilaterales; exceso de información; omnipresencia de la cultura pop, de la industria del entretenimiento, de la publicidad y del marketing; angustia derivada de la inestabilidad financiera, del progreso tecnológico y de la amenaza terrorista...), y se despliega en una portentosa diversidad de registros (filosofía, cine, trigonometría, tenis, medicina...). A la vez sátira hiperbólica de unos tiempos desquiciados y análisis íntimo de las heridas resultantes, *La broma infinita* llega hasta el extremo de mezclar la jerga callejera con el lenguaje hiperespecializado, inventarse vocabulario, generar abreviaciones y acrónimos únicos, estirar las frases y trufarlas de cláusulas con el riesgo de comprometer la inteligibilidad, y sacar a la nota –sea a pie de página o al final del libro– del ámbito del complemento para colocarla en el centro del discurso. La apuesta puede ser incomprendida o disuasoria, pero es la forma que tuvo el autor de transmitir su concepción de la ficción, esto es, de nuevo un vehículo para explorar «lo que nos hace jodidamente humanos», y la ilustración más perfecta de su objetivo de escribir «ficción moralmente apasionada y pasionalmente moral».

Veámoslo desde otro ángulo. *La broma infinita* es la mayor ofrenda que su autor nos podía hacer. En «*Entrevistas breves con hombres repulsivos*: los obsequios difíciles de David Foster Wallace», un brillante y emotivo ensayo sobre el segundo libro de relatos de DFW (incluido en la colección *Cambiar de idea*), Zadie Smith argumenta que el autor había decidido compartir con los lectores su «talento imponente», ofrendarnos ese don consistente en sus «conocimientos enciclopédicos, destreza matemática, pensamiento dialéctico complejo». Ahora bien, tenía un precio. ¿Qué menos que pedirnos concentración, fuerza de voluntad, entrega? Un don no se regala. Si cambiamos el título de su recopilación de relatos por *La broma infinita*, el sentido de las palabras de la autora de *Dientes blancos* queda incólume:

> Para eso tenemos que reconocer que un obsequio difícil como *Entrevistas breves con hombres repulsivos* merece el obsequio igual de difícil de nuestra detenida atención y nuestro esfuerzo. Por eso, las reseñas de los periódicos nunca podían coincidir fácilmente con Wallace. No se puede leerlo y comprenderlo y disfrutarlo a semejante velocidad, del mismo modo que yo no puedo cogerle el tranquillo a las *Variaciones Goldberg* en un fin de semana. Su lector debe verse a sí mismo como un músico que coloca la partitura –el obsequio de la obra– en el atril, que decide tocar. Primero interviene la práctica, luego la destreza con el instrumento, luego dedicarle tiempo a la partitura, luego repetirla una y otra vez. [...] Al final, solo puede decirse que su propia defensa es el obsequio difícil, y su profundo y gratificante placer es algo que solo puede hacerse experimentándolo. Para apreciar a Wallace, hay que leerlo de verdad, y luego hay que volver a leerlo. (La traducción es de Isabel Ferrer).

6

Explicar de qué va *La broma infinita* es una tarea imposible porque, como confiamos en que habrá quedado claro a estas alturas, su autor no la concibió en los términos narrativos convencionales –léase una historia, o constructo ficcional, que tiene un conflicto definido al que se enfrentan uno o más protagonistas, y que avanza en una dirección concreta hacia la resolución del mismo–, y porque la pobló de tantas líneas, personajes y preocupaciones (por no hablar de disertaciones) que la idea tradicional de argumento le es completamente ajena. Una suerte de galaxia inabarcable a la que uno solo puede acercarse desde una visión de conjunto que se queda indefectiblemente en generalidades –el monstruo observado desde una lejanía que borra los matices– o ajustando el microscopio para iluminar uno de sus incontables fragmentos –el monstruo reducido a una de sus microfibras–. La primera táctica de aproximación, que pese a la inevitable simplificación (un manual de instrucciones de tres páginas para un reactor nuclear) se antoja muy recomendable para situarse mínimamente en la mansión *escheriana* diseñada por DFW, nos llevaría a hablar de tres focos principales:

1. La familia Incandenza, encabezada por el difunto patriarca, James Incandenza, cineasta, experto en artilugios ópticos y fundador de la Academia Enfield de Tenis –que se desdobla como centro de estudios–, y la matriarca, Avril, una quebequesa dominante y llena de fobias que dirige Enfield junto con su hermanastro y amante, Charles Tavis. Los tres hijos del matrimonio son Hal, prodigio académico y tenístico con problemas de salud mental y adicto a la marihuana; Mario, un alma cándida pese a sus múltiples deformidades físicas y retraso cognitivo, heredero de la afición de su padre por la filmación de películas, y Orin, jugador profesional de fútbol americano que ha roto con la familia (excepto con Hal), mujeriego y verborreico incorregible. Por la academia también pululan estudiantes/jugadores de lo más peculiar, como Michael Pemulis –genio de las matemáticas y de un videojuego de estrategia bélica, camello y bromista empedernido–, John «No Relation» Wayne –el tenista más talentoso y defensor de la independencia de Quebec–, Ortho «The Darkness» Stice –contempla un código de vestimenta que admite exclusivamente el negro y es visitado por el fantasma de James Incandenza– y Lyle –excéntrico gurú para los chavales, a quienes ofrece consejos de autoayuda tras lamerles el sudor del cuerpo–.

2. La Ennet House, un centro de rehabilitación para los adictos a las drogas y el alcohol, cuya figura titular es el gigantesco Don Gately, ex-

ladrón y exadicto que ejerce de consejero principal, con una infancia traumática a sus espaldas y contactos también con la esfera sobrenatural. Otros residentes destacados son Joelle van Dyne, también conocida como Madame Psicosis, protagonista de varias películas de James Incandenza, que luce un velo por una presunta deformidad o para cubrir una belleza intimidatoria y sufre de tendencias suicidas, y Randy Lenz, alcohólico reincidente, traficante de cocaína y con una especie de doble tic nervioso que lo lleva a tomarse el pulso y preguntar la hora sin descanso.

3. Les Assassins des Fauteuils Rollents, o Asesinos de las Sillas de Ruedas, un grupo terrorista quebequés surgido después de que Estados Unidos coaccionara a México y Canadá para formar parte de la Organización de Naciones Norteamericanas. Aunque su objetivo último puede ser la secesión, públicamente exige que Canadá se desligue del grupo y ponga fin a la humillación que supone haberse convertido en el vertedero de los desechos estadounidenses. Entre sus muy violentas y extremistas filas descuella la figura de Rémy Marathe, un cuádruple agente que se infiltrará en la Ennet House haciéndose pasar por un drogadicto suizo y al que solo mueve la obsesión de garantizarle atención médica a su mujer enferma.

De nuevo, esto es un marco referencial, pues tanto dentro como fuera de los perímetros descritos abundan las subtramas, los secundarios y los escenarios. Un *dramatis personae* en detalle ya ocuparía el espacio de una novela corta, y añadirle un diagrama que mostrara las conexiones entre ellos resultaría en un desplegable susceptible de colgarse como un mapamundi en la pared. Amén de personajes que entrecruzan dos o más de estos tres puntos cardinales –academia de tenis, Ennet House, grupo terrorista–, el principal intento de vertebrar una novela fundamentada en gran medida en la dispersión y la digresión yace en una película, *La broma infinita*. Se trata del último trabajo de James Incandenza antes de suicidarse, dotado de un poder de atracción (o absorción, abducción, adicción) tan absoluto y letal que los espectadores pierden la voluntad de hacer otra cosa que no sea revisionarla. Codiciada por los independentistas quebequeses para emplearla como arma, la protagoniza Joelle, internada en el centro de rehabilitación.

Diseccionada (como veremos) desde todos los ángulos y disciplinas imaginables, la novela de DFW obliga también a un tratamiento superficial de los temas que aborda, a riesgo de completar un listado que, en términos de amenidad, emparentaría la lectura de este humilde ensayo con un prospecto farmacéutico. La gran falla que la recorre serían los males de la sociedad tardocapitalista, cómo la vida moderna nos ha abocado a la soledad, al aislamiento y al individualismo, seres egocéntricos, infantilizados y a la postre rotos que se entregan a todo tipo de adicciones –alcohol, drogas, televisión, consumismo…– para tapar el vacío existencial. A un tiempo ratas corriendo en una rueda fija, esclavos de una realidad saturada de estímulos y prisioneros de una mente solipsista. ¿Cómo recuperar nuestra humanidad en este vórtice de distracciones, manipulaciones y (auto) engaños? ¿Cómo conectar con el otro cuando todo conspira para sujetarnos a un vacío que finge colmar cuanto necesitamos y deseamos?

Aunque los problemas que señalaba DFW eran comunes a todo Occidente, siempre entendió su novela como una radiografía de su país, de ahí que en las entrevistas acostumbrara a citar ejemplos extraídos de él como fuente de inspiración y en los que con frecuencia se incrustaba. Fue el caso una vez más de la conversación con Eduardo Lago:

> A propósito de la cultura americana, en particular para los jóvenes, es que, desde el punto de vista material, Estados Unidos es un lugar magnífico para vivir. La economía es muy potente y hay gran abundancia de medios. Cuando empecé a escribir *La broma infinita* tenía treinta años, pertenecía a la clase media alta, era blanco, nunca había padecido ninguna forma de discriminación, desconocía cualquier forma de pobreza de la que yo no fuera el causante y la mayor parte de mis amigos se encontraban en una posición parecida. Sin embargo, la tristeza es algo tangible, está ahí, es una realidad. Hay una cierta... ¿cuál sería la palabra? Una desconexión o alienación entre la gente que tiene menos de cuarenta o cuarenta y cinco años en este país. Se podría decir que el malestar se remonta al Watergate o Vietnam, aunque hay muchas otras causas. *La broma infinita* intenta abordar el fenómeno de la adicción, tanto a los estupefacientes como en la acepción originaria de

la palabra en inglés, «adicción» en el sentido de devoción, en un sentido casi religioso. Mi novela es un intento por entender una especie de tristeza que es inherente al capitalismo, algo que está en la raíz del fenómeno de la adicción. El motivo por el que insistí en la idea de que *La broma infinita* era un libro presidido por el signo de la tristeza es que, cuando me empezaron a hacer entrevistas poco después de su publicación, todo el mundo insistía en que era un libro muy divertido, cosa que no entendía y me intrigaba, pero honestamente también me decepcionaba, porque para mí el sentimiento dominante del libro es de una inmensa tristeza.

Michael Pietsch definió *La broma infinita* como una novela desternillante sobre cosas tristísimas, y su creador sabía por experiencia propia que no existe criatura más triste que un adicto. El individuo contemporáneo definido como un esclavo de sus vicios. De ahí que DFW declarara que al completar la solicitud de una beca para escribir el libro rellenó la casilla dedicada al tema de que trataba con dos palabras: «La libertad». Cómo adquirirla en el siglo XXI es otra buena forma de sintetizar su núcleo. En el mencionado ensayo a propósito de *Entrevistas breves con hombres repulsivos*, Zadie Smith acude también al análisis generacional a la hora de ir a la raíz de las preocupaciones literarias de su admirado y malogrado amigo:

[DFW] afirmó que un exceso de conciencia –en particular la conciencia de uno mismo– nos ha permitido ser menos responsables que nunca. Iba dirigido a los lectores de mi generación, nacidos bajo la estrella de cuatro revoluciones entrelazadas: la ubicuidad de la televisión, la voracidad del capitalismo actual, el triunfo del discurso terapéutico y el relegamiento de la filosofía a una rama de la lingüística. ¿Cómo podemos ser sutilmente conscientes cuando se nos ha formado para ser pasivos? ¿Cómo detectar el valor real cuando todo tiene su precio? ¿Cómo ser responsable cuando siempre somos, por definición, el niño-víctima?

DFW fue disuadido por la editorial Little, Brown and Company de incluir en su novela el subtítulo *Un entretenimiento fallido*. Adicto confeso a la televisión, hasta el punto de acabar deshaciéndose de su aparato para no sabotear sus horas de escritura, el autor veía en ella una forma extrema de colonización mental que no solo anula nuestra voluntad y nos reduce a sujetos pasivos que consumimos sus contenidos desaforadamente, sino que mediatiza nuestras experiencias en la vida real, de tal modo que en ella reproducimos los códigos que nos dictan desde la pantalla. Sobre esto último, citaba el ejemplo de que un chaval de su generación, al contrario de la de sus abuelos, había presenciado cientos de personas besándose antes de dar su primer beso. ¿Dónde quedan la espontaneidad y la naturalidad de un beso cuando la emulación de los vistos en un sinfín de películas y series pasa a ser el estándar de lo ya transformado en una «actuación»? La televisión secuestra nuestra atención y moldea nuestro comportamiento. En su muy influyente artículo «E Unibus Pluram: Television and U.S. Fiction» –publicado por *The Review of Contemporary Fiction* en 1993 y en forma de ensayo por Endebate en 2025–, argumenta además sobre la nefasta influencia del medio en tantos autores de ficción de su país, que trasladan con alevosía a sus textos la ironía y la ridiculización que son la marca de fábrica de tantas series y *late shows*, incurriendo en una superficialidad que malinterpretaba como rebeldía.

Más allá de la televisión, cualquier manifestación del capitalismo encaminada al lucro privado y la anestesia colectiva se sostiene en esta fórmula clásica de circo y manipulación. El resultado final es el aislamiento, la soledad y la pérdida de sustancia (intra e inter) humana en beneficio de constructos artificiosos. En un sentido más abstracto, la desconexión de las verdades genuinas y la caída en el solipsismo, esto es, en esa acentuación tan salvaje de la subjetividad que nada parece existir fuera de la conciencia de uno mismo. Desde el momento en que *La broma infinita* venía a exponer, criticar y sugerir salidas a estas formas de encierro y de alejamiento de nuestra esencia, promoviendo el contacto con los otros, ¿cómo iba a tener el entretenimiento como objetivo?, precisamente uno de los agentes más perniciosos del problema. DFW concibió la cinta de vídeo de James Incandenza –aletargadora absoluta de los sentidos, agujero negro de la voluntad, Medusa electrónica que nos convertía en piedra hasta morir de inanición– como objeto simbólico de nuestra rendición incondicional a la fuente placentera, procuradora de evasión, verdugo del aburrimiento, taponadora incansable de los espacios muertos entre tareas significativas:

> Para ver cuál era el nivel de motivación a que inducía el cartucho, el mismo M. Broullîme se había introducido con una venda en los ojos en el almacén provisto de una sierra ortopédica; informó al Sujeto del test de que a partir de ahora cada visionado subsecuente del Entretenimiento tendría el precio de un dígito de las extremidades del Sujeto. Y le hizo entrega de la sierra ortopédica. La explicación de Broullîme a Fortier fue que de ese modo se podía crear una matriz para computar la relación estadística entre (n) el número de veces que el Sujeto veía el Entretenimiento y (t) la cantidad de tiempo que le llevaba decidirse a cortarse un dedo para cada subsecuente visionado ($n + 1$). El objetivo era confirmar con seguridad estadística el deseo del Sujeto de ver y volver a ver y su incapacidad para la saciedad. No podía haber un índice de disminución de la satisfacción como en la econometría de los productos estadounidenses normales. Para probar que la atracción del Entretenimiento samizdat era macropolíticamente letal, el noveno dedo debía saltar con la misma rapidez y predisposición que el segundo.

La broma infinita de algún modo estaba atrapada en una contradicción insalvable o un dualismo irreconciliable: no podía ser entretenida, pero tampoco podía renunciar a propulsar la lectura (digamos ofrecer una versión suave o rebajada del entretenimiento); no podía intimidar, pero tampoco seducir por la vía rápida; no podía abusar de la abstracción ni de las herramientas conceptuales abstrusas, pero tampoco simplificar su mensaje porque lo destruiría desde dentro. De nuevo DFW no se engañaba sobre la dificultad que entrañaba su libro –insistió en que requería de dos lecturas como mínimo–, pero era el precio por pagar, o el único camino posible, de cara a alcanzar, y el lector con él, las verdades profundas. Los autores posmodernos estadounidenses a los que tanto había idolatrado DFW en su juventud habían podido entregarse a piruetas retóricas y juegos metaficcionales porque en su ánimo solo estaba explotar las posibilidades formales del lenguaje y deconstruir las convenciones de la ficción. Él, por el contrario, aspiraba a poner su impresionante aparato retórico al servicio de la fibra humana, y que comunicara emociones en la misma medida en que asombrara. Los lectores vistos como una especie de devotos que atravesarán los valles de la muerte, las tendencias suicidas, las adicciones, la tristeza y la desesperanza en pos de alguna luz al final del trayecto, aunque por el camino también reirán a carcajadas y a sus oídos llegarán palabras que expandirán los límites de lo que se creía decible.

Al situar la novela en un futuro cercano –más como sobrentendido que de manera explícita, habiéndose calculado el 2009 como el año más probable, aunque el dato sea del todo irrelevante–, DFW se liberaba de cualquier atadura con la realidad más inmediata y podía deformar, hiperbolizar o satirizar señales preocupantes que detectaba en la sociedad, la política y la cultura estadounidenses. Se ha resaltado el modo en que *La broma infinita* predijo saltos tecnológicos como la televisión en *streaming* –InterLace, un sistema que permite descargarse películas y series televisivas, anticipa HBO y compañía–, o las videollamadas con filtros –en la videotelefonía representada en el libro, el recurso a avatares está a la orden del día, pero este proto-Skype acaba generando tal estrés en el usuario que resulta una moda pasajera–. De ahí que en un artículo para *The Atlantic*, titulado «¿Podría la era de internet alumbrar a otro autor como David Foster Wallace?», publicado en agosto de 2015, es decir, siete años después de su muerte, la periodista Meg Garber incluyera, en un listado de diversos temas sobre los que le gustaría haber podido discutir con el escritor, los siguientes: los palos de selfi, Facebook, Uber, Netflix, Instagram o Snapchat.

Por las páginas de la obra también asoma cierta conciencia ecológica –buena parte del norte de Nueva Inglaterra, cedida por Estados Unidos a Canadá tras la creación de un superestado junto a México llamado ONAN, ha devenido un vertedero de residuos tóxicos– y un presidente bufonesco, Johnny Gentle –excantante melódico a lo Dean Martin y exactor de serie B, que gana las elecciones con la promesa de limpiar la nación, se muestra agresivo con sus vecinos y acaba perdiendo la cabeza–, que, si bien parece modelado en Reagan antes que en Trump, ofrece claros paralelismos con el actual inquilino de la Casa Blanca, incluidos el peinado y el bronceado. Sin embargo, donde DFW se mostró más presciente fue en la detección del modo en que el entretenimiento, la publicidad y el marketing van a tener una presencia cada vez más tentacular en la vida cotidiana.

La película que da título a la novela –eco a su vez de un verso de *Hamlet*–, filmada por James Incandenza y de un poder de seducción tal que atornilla al espectador al asiento hasta matarlo (de supuesta deshidratación o desnutrición), de algún modo es la sublimación de cuanto representan Tik-Tok, Instagram y el conjunto de redes sociales que invitan a un *scrolling* infinito, un menú inabarcable de golosinas visuales –tan apetecibles como indigestas, tan seductoras como vacías– que nos mantienen rehenes de la pantalla y que acaban por anular nuestra voluntad. Por otro lado, la idea de que los años en que se sitúa la acción estén esponsorizados –el Gobierno estadounidense ha vendido a las grandes corporaciones el derecho a nombrarlos con sus productos, de ahí que la acción del libro se desarrolle sobre todo a lo largo del «Año de la Ropa Interior para Adultos Depend», aunque se citan otros como «Año del Superpollo Perdue» o «Año del Parche Transdérmico Tucks»– es sin duda una hipérbole, pero la multiplicación de tácticas, de las más agresivas a las más sibilinas, por parte de las marcas comerciales para colocar su mercancía, diluyendo en muchos casos las fronteras entre objetividad y subjetividad, información y ventas, operación con retorno y servicio desinteresado, no permite descartar un futuro en el que la esfera pública y los conceptos intangibles se encuentren notablemente colonizados por intereses privados.

Al poner el foco en una *malaise* personal y colectiva –la soledad, la tristeza, el aislamiento, la ansiedad social…, generados por el enganche a toda suerte de estímulos que apartan al individuo de la conexión consigo mismo y dificultan forjar vínculos con los demás–, *La broma infinita* sin duda evoca la atención que se presta hoy al tema de la salud mental. La novela fue escrita cuando internet estaba en sus primeros estadios en términos de uso social y los móviles (los simples, nada inteligentes) aún eran una rareza, pero el escritor, adicto confeso a la televisión –recordemos que renunció a tener un aparato en casa para que no interfiriera fatalmente en su trabajo– y que se resistió cuanto pudo a abrirse una dirección de correo electrónico, percibió con espanto que la tecnología estaba entregada a una carrera por mejorar el atractivo de la oferta de ocio asociada y por masajear sin descanso nuestro hedonismo y narcisismo. En las entrevistas para promocionar el libro, DFW sacaba con frecuencia a colación el tema de que la pornografía vía realidad virtual estaba a la vuelta de la esquina –el porno era un tema que le interesaba en el plano literario, y llegó a trabajar en un libro sobre el sector, que acabó abandonando, si bien recicló algunas partes en su crónica-reportaje «Gran hijo rojo»–, animando a la gente a pensar en las implicaciones de que el placer físico se desligara por completo del contacto humano si los dispositivos alcanzaran un poder de simulación cuasiperfecto. ¿Quién iba a querer vivir fuera de esa esfera onanista que nada demanda? A la espera de que se cumpla o no su profecía de que el sexo digital fabrique en serie zombis de pura libido, ¿no son las reuniones por Zoom, las aplicaciones de citas o el «contenido» volcado 24/7 por *youtubers* e *influencers* otras formas de deshumanizar el contacto entre las personas? Obvio hoy, pero nada de esto existía en 1996.

Y si la omnipresencia y la sofisticación de la oferta de entretenimiento probablemente ha alcanzado, o sobrepasado, los niveles que DFW creyó posibles en vida, el mismo DFW que avanzó el *streaming* y los filtros de imagen, ¿podemos de verdad descartar que Burger King termine por adquirir los derechos para bautizar como «Whopper» un año y que como resultado la Estatua de la Libertad sostenga una hamburguesa en vez de una antorcha? Ojo, hablamos de la misma empresa –global a más no poder y dispensadora del producto más estandarizado imaginable– que el escritor citaba como epítome de la ironía desbocada al invitar a su clientela a «Romper las reglas» en una famosa campaña publicitaria de los años noventa. Tirando del lema de otra marca comercial no menos extendida y célebre: *Impossible is nothing.*

7

Aunque algunas ideas y fragmentos se remontarían a finales de los años ochenta –recordemos que su ingreso en el centro psiquiátrico del McLean Hospital, donde completará un programa de desintoxicación, se produce en 1989–, la cronología oficial de *La broma infinita* sitúa su arranque en enero de 1992 y su conclusión en el verano de 1994. Fueron dos años y medio en los que una jornada típica de trabajo en el libro constaba de dieciséis horas, interrumpida solo para impartir algunas clases de escritura creativa en la Illinois State University y sacar a los perros. El antidepresivo Nardil mantenía aplacado al fantasma de la depresión, aunque se ha especulado que un posible cuadro de trastorno bipolar habría inducido periodos de producción febril con otros de parálisis absoluta, picos y valles extremos. DFW siempre destacó en las entrevistas que la entrega hercúlea y la diversión estuvieron a la par, pero ya el simple hecho de organizar un material tan ingente, de estructurar las numerosas líneas narrativas y llevar un control sobre docenas de personajes, supuso una pesadilla. A esta le seguiría lógicamente otra a raíz del proceso de edición: la citada danza interminable de cortes, cambios y adiciones, previa negociación a cara de perro con Michael

Pietsch. Encerrado la mayor parte del tiempo en su casa de Bloomington (Normal, Illinois), el escritor tenía en su domicilio una suerte de extensión física de la mezcla de circo de tres pistas, jungla, caos y laberinto por el que avanzaba a machetazos su mente, intentando tirar adelante el proyecto: pilas de folios repartidos por las estancias y folios pegados con celo en los armarios de la cocina. La versión literaria del corcho en el que la policía intenta conectar los puntos de un caso o las paredes garabateadas de signos *a priori* indescifrables del psicópata, formas todas de encauzar y revelar un material desafiante, ramificado y críptico.

La mera estructura de la novela trajo de cabeza a DFW. «Anular» es el término más repetido para referirse a ella, lo que se traduce en la confluencia de varios desarrollos más o menos circulares en los que se encuentran sus personajes. Frente a la linealidad convencional, un arco inmenso en el que principio y final quedan conectados, y el espacio entre ambos –un *flashback* apabullante– va configurándose a base de incontables anillos. No existe un centro vertebrador, y lo más parecido a un protagonista o conductor, Hal, es un ente vacío. El autor comparó la estructura con el triángulo de Sierpinski, un tipo de fractal susceptible de construirse a partir de cualquier triángulo, bautizado en honor de su inventor, el matemático polaco Wacław Sierpiński.

Por si es de alguna ayuda (¡ironía!), hablamos de un proceso recursivo y autosimilar por medio del cual se repite un patrón simple de manera *infinita*, en el que cada nivel se construye a partir de los triángulos de nivel $n-1$, aplicando una homotecia (escalado) con razón ½ desde cada vértice. DFW contrarrestó este dato (propio) tan intimidatorio con un mensaje tranquilizador que venía a decir que bajo el aparente caos en la superficie del libro, contra la precipitada idea de que la trama estaba descoyuntada, latía una coherencia y un diseño muy pensados. La formación de este triángulo de Sierpinski surgía de la acción combinada del texto principal y de las notas al final del libro, las cuales cumplían con una doble función que se podría ver paradójica: contribuir a la disrupción de la linealidad y a la cohesión narrativa. El uso de notas –que en el caso de *La broma infinita* su autor quería que fueran inicialmente a pie de página, de lo que fue disuadido por Pietsch, quien temía que desconectaran al lector del hilo principal, sobre todo ante la extensión de muchas de ellas, añadiendo piedras a una mochila de por sí voluminosa– acabaría siendo un rasgo distintivo de DFW, tan reconocible de su singularidad como su recurso a las bandanas (menos un rasgo estético que una forma de disimular la sudoración excesiva que le provocaba su ansiedad social). Lo que algunos podían entender como un acto exhibicionista o gratuito, expresión de una grafomanía algo desquiciada (en definitiva, hablamos de casi cuatrocientas notas, lo que equivale a entre cien y doscientas páginas extra, dependiendo de las ediciones), para su responsable era un elemento indivisible de la novela, ya no solo en términos de contenido, sino a la hora de imprimir una forma y un ritmo de lectura que le hicieran justicia al modo en que nuestro cerebro procesa la información. DFW quería combatir con sus notas lo artificial que le parecían las ficciones que comunican la experiencia, el pensamiento y la percepción como si acontecieran de forma lineal, «como si solo pensáramos o sintiéramos una sola cosa en cada momento», declaró. Las notas, en cambio, permitían una suerte de «desdoblamiento» que captara con más fidelidad las interrupciones, las digresiones, los saltos o la simultaneidad de ideas, los circunloquios... con los que nuestra mente capta, (des)ordena y se explica la realidad circundante. Esta dualidad superaba ciertas limitaciones tradicionales de la página, multiplicando los sentidos del texto y dejando constancia de que la lectura tenía como receptores a los mismos individuos que llevaban décadas hiperestimulados por los mensajes fragmentados y veloces que les suministraban la televisión y la publicidad. El escritor insistía en que no había inventado nada con un recurso extensivo a las notas –ahí estaban los ejemplos de Manuel Puig en *El beso de la mujer araña* o de John Updike en *Un mes de domingos*– y descartaba que fueran una marca de identidad, si bien reconocía un uso compulsivo que había atemperado en trabajos posteriores.

En sus interminables interacciones con Michael Pietsch durante la edición de *La broma infinita*, DFW añadía motivos de variada índole de cara a despejar toda sospecha de fijación, capricho o gratuidad. En sus palabras, las notas también servían para:

1. Aligerar los cortes.
2. Desviar información compleja o especializada y mantener así la accesibilidad para el texto principal.

3. Introducir un estilo más discursivo y autoral.
4. Mimetizar el alud de información y el triaje de datos que pienso que solo irá a más en Estados Unidos durante los próximos quince años.
5. Aumentar la verosimilitud técnica y médica.
6. Hacer que el lector vaya físicamente «adelante y atrás» de un modo que quizá mimetice algunas de las preocupaciones temáticas del libro.

El último punto nos da pie a incidir en otro elemento influyente en la configuración de *La broma infinita*: el tenis, disciplina en la que el propio autor había destacado de joven, llegando a competir en torneos de ámbito regional en el Medio Oeste, y sobre la que escribió en repetidas ocasiones: su ensayo autobiográfico «Deporte derivado en el corredor de los tornados» (incluido en la colección *Algo supuestamente divertido que nunca volveré a hacer*) o las piezas «Democracia y comercio en el Open de Estados Unidos» y «Federer, en cuerpo y en lo otro» (reunidas en *El tenis como experiencia religiosa*) constituyen algunos ejemplos. El tenis no funcionaba meramente como escenario y rasgo de personaje para uno de sus bloques –la academia Enfield y sus atribulados prodigios–, sino que se infiltraba en los engranajes y la dinámica del conjunto de la obra. En su entrevista con Eduardo Lago, DFW señalaría que:

> Las razones por las que el tenis ocupa un lugar tan importante en *La broma infinita* no son de orden autobiográfico, sino que tienen que ver con la estructura general del libro… Una manera muy

sencilla de explicarlo sería hablar de la idea de movimiento, un movimiento constante pero dentro de un conjunto de limitaciones claramente definidas. También guarda relación con la idea de dualidad, con la existencia de un movimiento que opera en dos direcciones, hacia atrás y hacia delante, yendo y viniendo entre dos espacios separados, de tal manera que se crea una forma geométrica..., algo así.

Recapitulando, si tomamos la geometría de un triángulo de Sierpinski y de una pista de tenis, y entendemos que ambos están conectados por una suerte de pasillo subterráneo formado por un corpus masivo de notas, quizá nos acerquemos a entender la estructura profunda de la novela.

Más sobre las notas (no en balde han generado artículos y ensayos específicos). Una de las peculiaridades más divertidas es que hay algunas con sus propias subnotas, y que algunas de estas subnotas llegan a tener sus propias subsubnotas. Uno de los ejemplos en los que el juego llega a su paroxismo es en la nota 24, en la que el listado de la filmografía de James Incandenza pone de manifiesto un detalladísimo entrecruzamiento de datos, referencias, conexiones y análisis. Una sola entrada, correspondiente a la descripción de una película, apenas un párrafo en un despliegue de más de diez páginas (que conforman una sola nota), da una idea de la broma dentro de una broma dentro de una broma...

No Troy. Año de la Hamburguesa Whopper. Latrodectus Mactans Productions. Sin reparto;

holografía de superficie líquida de Urquhart Ogil-
vie, junior; 35 mm; 7 minutos; color procesado;
muda. Modelo a escala de recreación holográfica
del bombardeo de Troy, Nueva York, debido a tra-
yectorias erróneas de los Vehículos de Desplaza-
miento de Basuras Empire y su subsiguiente elimi-
nación por los cartógrafos de la ONAN. VÍDEO
MAGNÉTICO (DISTRIBUCIÓN PRIVADA Y LIMITADA
A NEW BRUNSWICK, ALBERTA, QUEBEC). Nota: los
archiveros de Canadá y la Costa Oeste no incluyen
No Troy, pero citan *La ciudad violeta* y *La ex
ciudad violeta*, respectivamente, lo que ha llevado
a los especialistas a concluir que la misma película
debe de haber sido estrenada con diferentes títulos.

DFW llevó su filia por la nota hasta su propia
piel. Cuando se enamoró de Karen Green, la artista con la que acabaría casándose en 2004, tachó
el nombre de Mary –por la escritora Mary Karr–
del corazón tatuado en su brazo, colocó un asterisco y, más abajo, añadió otro asterisco con el nombre de Karen. Quizá no haga falta decir que la obra
del autor –aunque en especial algo que técnicamen-
te queda fuera de ella, como es el discurso ofrecido
en la ceremonia de graduación del Kenyon College,
recogido póstumamente en la pieza *Esto es agua*–
ha llevado a muchos a tatuarse frases o fragmentos,
o bien símbolos o dibujos inspirados en ella.

8

En su biografía de DFW, *Todas las historias de amor son historias de fantasmas*, D. T. Max señala cómo el ánimo de Estados Unidos en el momento de la publicación de *La broma infinita* jugaba en contra de sus intereses, un tercer obstáculo en apariencia de órdago a los ya tan repetidos sobre su complejidad y extensión. A mediados de los años noventa, las historias sobre adicciones ya no resultaban provocadoras o «excitantes», sus víctimas habían pasado a ser vistas como unos perdedores en un contexto de bonanza económica –la Administración de Bill Clinton rebosa confianza en el progreso y apuntala un discurso optimista– y lo que la cultura demandaba eran relatos sobre ganadores. Entre la crítica especializada, la novela provoca una mezcla de admiración y estupor, rendición ante su incontestable genialidad y desconcierto ante sus intenciones. Pensemos en un artilugio nunca visto, con un diseño suntuoso y provisto de tantas funciones que de sus primeros tanteos se sale con la sospecha de si no procedería un manual de instrucciones, también del tamaño de un listín telefónico. Todo el mundo parece detectar que ahí hay algo único –o «significativo» en palabras del biógrafo–, si bien señalar qué y hacia dónde ya no es tan sencillo. Y, en todo momento, un zumbido molesto, o una alarma tenue, en algún rincón del cerebro: ¿no será precisamente una broma muy larga envuelta en retórica prodigiosa? ¿Un chiste que no se acaba nunca de una mente tan brillante que solo ella entiende el sentido final?

A modo de ilustración de los dos extremos del espectro receptor, tendríamos, por un lado, la pieza del novelista y ensayista Walter Kirn para *New York*: «Los premios literarios del año próximo ya se han decidido. Las placas y los galardones pueden guardarse hasta entonces en el depósito. La competición ha sido aniquilada. [...] La novela es así de colosalmente disruptiva. Y de espectacularmente buena». La sensación de haber asistido a una creación que implica al mismo tiempo una fractura –rompe con sus predecesoras– y una expansión –abre nuevos caminos a la especialidad– remite sin duda a la legendaria reseña que el crítico John Landau, del periódico bostoniano *The Real Paper*, le dedicó al concierto de Bruce Springsteen & The E Street Band en el Harvard Square Theatre, el 9 de mayo de 1974, con la icónica frase: «He visto el futuro del rock and roll y su nombre es Bruce Springsteen». Al otro lado del cuadrilátero, Michiko Kakutani, la pope del diario *The New York Times*: «El libro parece haber sido escrito y editado (o no editado) con la premisa de que cuanto más, mejor, de que más significa más importante, lo que da como resultado un batiburrillo psicodélico de personajes, anécdotas, bromas, soliloquios, recuerdos y notas, divertidísimos y alucinantes pero también arbitrarios y autoindulgentes». Tampoco faltaron los grandes nombres que encontraron la ocasión de vengarse de los descalificativos que DFW les había dedicado en el pasado, caso del ensayista y crítico Harold Bloom –que consideró la novela «horrible»– o del novelista Bret Easton Ellis –que tildó a su autor de «aburrido y pretencioso»–.

En líneas generales, los entusiastas no dejaban de encontrarle algún reparo y los escépticos no dejaban de reconocerle la excepcionalidad. Una buena definición de lo que genera una obra valiosa y llamada a perdurar: estimulación y controversia. Fueras acólito a apóstata, o te situaras en un punto medio, D. T. Max también resalta que hubo unanimidad a la hora de reconocer que *La broma infinita* fue pionera a la hora de explorar los modos en que la escritura puede reflejar cómo afecta internet a la circulación de información y a las formas de comunicación interpersonal; así como en plantearse una literatura que reconciliara el atrevimiento técnico del modernismo y el posmodernismo con el reflejo de nuestra humanidad vulnerable y herida que había dominado los esfuerzos de las corrientes precedentes.

A la novela le cerraron las puertas de los grandes premios de las letras estadounidenses, como el National Book Critics Circle Award, el National Book Award o el Pulitzer Prize, para los que ni siquiera fue nominada, una decisión no tan sorprendente si tenemos en cuenta el perfil tradicionalmente conservador de los jurados, reacios pues a cualquier asomo de experimentación o desafío literario mayúsculo (los dos primeros tuvieron ocasión de redimirse al nominar a Don DeLillo por *Submundo* en 1997, pero no pasó de finalista).

La llegada muy tardía de la traducción al castellano de la novela, y los desafíos ya sobradamente expuestos que planteaba su lectura, limitaron la atención de la crítica local (que, admitámoslo, tampoco anda sobrada de tiempo ni ha gozado nunca de grandes incentivos económicos para acometer una empresa que exige semejante inversión de esfuerzo y horas), de modo que las (escasas) páginas de cultura de los medios se centraron en su impacto en el panorama literario de Estados Unidos y en el previsible acento en su condición de última voz genial/abstrusa/marciana en el constante goteo de sus nuevas importaciones. Me acuerdo de que, a falta de poder intercambiar impresiones fundamentadas en el análisis de su contenido, en los corrillos literarios (por lo menos en los de Barcelona, que son de los que puedo hablar), los comentarios a la obra solían reducirse, cómo no, a su tamaño, la maldición que la acompañó desde su nacimiento y que soliviantaba a su autor. No dispongo, claro está, de cifras, pero sospecho –tampoco hace falta poseer un 10 por ciento de la capacidad cerebral de DFW– que no abundaron los periodistas culturales que terminaran *La broma infinita*, entre los cuales doy mi más solemne palabra de contarme (pues es probable que lo que sí abundara fueran las falsas alegaciones, impulsadas por un «postureo» antes de que el término hiciera fortuna). El impacto en España de la obra de DFW en general se produjo sobre todo en determinados círculos literarios, en gran parte compuestos por jóvenes, quienes, atraídos cual polillas a la cegadora luz que desprendía la prosa y la mirada del autor, buscaron emularlo como pudieron en sus ficciones y reportajes.

Una vez me he infiltrado en este texto, aprovecho para ampliar el anecdotario personal. En mayo de 2002 la aún editorial Random House Mondadori organizó en Barcelona un congreso que, bajo el cocacolesco título de «Next Generation» y con indisimulado ánimo mercadotécnico, reunió en una serie de mesas redondas y presentaciones a un elenco de la más sobresaliente y relativamente joven narrativa estadounidense. Chuck Palahniuk, Jonathan Lethem, Heidi Julavits, Michael Chabon y David Sedaris desfilaron por el Institut d'Estudis Nord-americans para responder de sus obras y aguantar pacientemente el revoloteo de la misma mosca: ¿conforman de verdad una generación? Los periodistas estábamos deslumbrados por poder contar de una tacada con figuras que *molaban*, carne de *The New Yorker*, de *The Believer*, de *McSweeney's*. Pero, dado que la felicidad nunca puede ser completa, había una ausencia que se extendía como una sombra por el corazón de todos los que sintonizaban con la onda *hype* que se propagaba a muchos decibelios desde el amplificador del sello.

DFW había declinado la invitación a participar en el congreso, por lo que el parque de atracciones merecía una visita, claro, pero el cartel de que la montaña rusa estaba cerrada por obras generaba un suspiro de dolorosa resignación. Recuerdo escuchar que el escritor llevaba una vida de ermitaño en un agujero del Medio Oeste, donde daba sus clases, y que rechazaba prácticamente toda invitación a salir de la madriguera. El desconsuelo causado por su silla vacía quizá tuvo algo que ver en la maledicencia de inferir una cierta prepotencia. Nosotros aquí reverenciándolo, cegados por el resplandor de su inconmensurable genio desplegado en la ficción (*La broma infinita*) y en la no ficción (*Algo supuestamente divertido que nunca volveré a hacer*), ¿y no somos merecedores de una visita?

Solo seis años después, a raíz de la noticia de su suicidio, que en términos de impacto vino a representar el reverso oscuro de la deflagración que trajo leerlo por primera vez, supimos que DFW había luchado contra la depresión desde la universidad, que era un hombre enfermo, que requería vivir de acuerdo con un orden y unas rutinas, que viajar y conocer periodistas lo sacaba de su perímetro de seguridad, que solo necesitaba que lo dejaran en paz. No era nada personal. De hecho, la única vez que salió de Estados Unidos con fines promocionales fue en 2006 para participar en Le Conversazioni Festival de Capri, y el milagro lo obró la compañía de su esposa, Karen Green, y de sus íntimos amigos Jonathan Franzen y Zadie Smith (por cierto, en YouTube circulan una serie de clips cortos de su participación, incluido uno especialmente divertido en el que se mofa de lo bárbaros e ignorantes que son los estadounidenses en el extranjero). De habernos limitado a leer con un poco más de atención su obra y extrapolar la angustia y la vulnerabilidad de muchas de sus criaturas, enjauladas en su incomunicación, puede que lo hubiéramos entendido mucho antes.

Ante su espantada del congreso, en la revista *Qué Leer*, de cuya plantilla yo formaba parte por entonces y para la que llevaba tiempo deseando escribir algo sobre DFW, pasamos al plan B y solicitamos una entrevista con él. Un poco más y habría resultado más sencillo quedar con Thomas Pynchon para merendar en su casa y hacerle una sesión de fotos picantes. A lo largo de tres semanas el triángulo conformado por la revista, la editorial y la agente del escritor, Bonnie Nadell, estuvimos intercambiando llamadas de teléfono y emails con un *in crescendo* de nervios y desencuentros. Nadell finalmente se comprometió a hacerle llegar nuestro cuestionario a su representado. Todos los indicios racionales apuntaban a que obtener respuesta de DFW era una quimera (aunque de esa naturaleza lejanamente posibilista del tipo socialismo científico antes que la directamente descerebrada del socialismo utópico), pero al igual que los ufólogos no se dejan arredrar por los partes meteorológicos que prometen reducir un suculento objeto volador a una simple descarga eléctrica a la hora de disponer sus puestos de avistamiento, un servidor no pudo hacer otra cosa que cruzar los dedos para que se produjese el ascenso al K2 de las entrevistas a distancia. Para ello cabía ignorar todo un conjunto de señales poco prometedoras. Ejemplos: a) En una entrevista celebrada en Barcelona con motivo de la publicación de *Las correcciones,* Jonathan Franzen me las prometía canutas si deseaba ponerme en contacto con su íntimo amigo, aduciendo una idiosincrasia muy esquiva que le había conducido a desarrollar una proverbial destreza a la hora de evitar a los periodistas. B) Un colega periodista me detalló sus desvelos a la hora de intentar contactar telefónicamente con el escritor. Tras dos madrugones criminales para solventar el abismo horario y una generosa colección de llamadas perdidas, el escritor acababa por descolgar el aparato y se disculpaba contradiciendo a su agente al sostener que esta nunca le informó de su compromiso con un medio español. C) Las sospechas de que el cerebro saboteador en la sombra era la agente de Wallace se multiplicaron al llegarme que consideraba que los periodistas españoles no solo eran proclives a las preguntas absurdas, sino que por lo general su nivel de inglés dejaba mucho que desear (eufemismo XXL).

Con el cierre del número encima y cuatro páginas ya diseñadas, incluida una ilustración (ante la falta de buen material fotográfico) de un artista estadounidense que había costado mucho adquirir dadas las draconianas condiciones de pago que había impuesto, llegaron al fin las respuestas de DFW, enviadas por fax a su agente (no disponía de email) y reenviadas por esta por email. El encabezamiento del escritor no tenía desperdicio: «Según lo que ha podido alcanzar mi capacidad de filtración, tras diecisiete capas de intermediarios, entiendo que desea que escoja unas cuantas preguntas del folio que me ha faxeado mi agente». Con cuatro respuestas sobre dieciocho posibles, la entrevista se acabó transformando en una crónica del accidentado *making of* de la entrevista misma, que incluía algunas notas al final con las que se jugaba a emular la querencia del escritor por ellas (algo que, con el tiempo, uno no deja de contemplar con cierto sonrojo, pues la «gracia» acabó deviniendo un recurso hiperexplotado por cuantos le dedicaban artículos o ensayos. Durante su aparición en el programa de entrevistas *The Charlie Rose Show*, el 27 de marzo de 1997, para promocionar *Algo supuestamente divertido...*, el mismo programa en el que podríamos haber sabido de la fragilidad emocional del invitado, ya que Rose hizo referencia en una pregunta a su depresión y a su primer intento de suicidio, DFW habló de lo «adictivas» que acaban siendo las notas, algo que sin duda pudimos comprobar todos los que le copiamos a mansalva el aporte, aunque obviamente con mucho menos ingenio y sentido. Tal es su adicción, añadiré, que pese a la vergüenza retrospectiva que he mencionado, la tentación de volver a incluirlas en este ensayo ha sido enorme).

Volviendo al «desplante»... Si en un principio DFW y su probable divismo eran el problema, ahora resultaba evidente que el enemigo había anidado desde el principio en el celo leonino con el que su agente lo sobreprotegía. Una vez más, tardamos seis años en poder leer el panegírico que le dedicó Bonnie Nadell en el homenaje tributado al escritor en el Skirball Center for the Performing Arts de la New York University. Entonces supimos que no concedía entrevistas ni acudía a fiestas ni iba a cenas con los productores de cine interesados en adquirir los derechos de sus obras, que «David no podía estar sometido al escrutinio público y seguir funcionando. Era demasiado duro para él, simplemente. David carecía de la armadura que la mayoría de nosotros desarrollamos para sobrevivir en este mundo». Una vez más, de haber profundizado en el sentido de las contadas respuestas a ese cuestionario *in extremis*, en el que DFW aseguraba que *La broma infinita* buscaba articular la tristeza de un sector considerable de la juventud estadounidense y que escribir ficción era un acto de comunicación que le costaba un esfuerzo tremendo y sobre el que tenía dudas terroríficas acerca de si el lector empatizaba o no con sus libros, quizá los asistentes al congreso que había dejado cojo no hubiésemos sido tan suspicaces con él ni con su agente. (Fin de la intromisión personal).

9

No es arriesgado afirmar que *La broma infinita* es la novela más analizada de las últimas tres décadas. Otra razón para considerarla el *Ulises* de su tiempo, lo que, salvando las distancias, y más allá de cuestiones como la riqueza técnica y el desafío intelectual que comparten, tampoco es tan descabellado si consideramos los paralelismos entre los binomios Leopold Bloom/Don Gately y Stephen Dedalus/Hal Incandenza, la inmersión en conciencias hipersensibles y el análisis microscópico de las rutinas. Aunque, a diferencia de James Joyce, DFW no llegó a predecir que su *magnum opus* tendría a los estudiosos sacando humo por las orejas durante un siglo, desde su aparición ha generado un volumen de artículos, ensayos, ponencias, conferencias, simposios, mesas redondas, foros en línea y toda suerte de aproximaciones críticas e interpretativas simplemente apabullante. En fecha tan temprana como principios de 1997, la mecha fan de la novela ya había prendido en forma de diversas páginas web, descollando la de Bob Wake –Infinite Jest. Reviews, Articles & Miscellany–, la de Andrew Sandley –que lleva simplemente el nombre del autor– y la de Nick Maniatis –The Howling Fantods–. Esta última tomaba prestado su nombre de una expresión acuñada por DFW en su ensayo «E Unibus Pluram», y luego utilizada varias veces en el libro para referirse a la sensación paralizante de ansiedad e inquietud derivada de un consumo abusivo de productos de entretenimiento. Por el volumen de material vertido, y el hecho inaudito de que estuvo actualizándose de forma continuada hasta 2024, la página de Maniatis constituye el repositorio digital más importante dedicado al autor. A esto se añade que ser un *howling fantod* haya pasado a ser sinónimo de seguidor acérrimo del escritor.

Otro dinamizador clave del universo DFW ha sido el editor y ensayista Matt Bucher, administrador de Wallace-l –una amplísima lista de correo consagrada al autor– y codirector y copresentador, junto con Dave Laird, de *The Great Concavity*, un pódcast centrado en *La broma infinita* que ha alcanzado los noventa y dos programas. Entre las iniciativas más locas que generó la novela estuvo Infinite Summer, un club de lectura virtual que, entre el 21 de junio y el 22 de septiembre de 2009, invitó a sus participantes a completarla a razón de unas setenta y cinco páginas semanales, los cuales recibían la orientación de especialistas en una web e intercambiaban impresiones por Facebook, X y Tumblr. Una réplica invernal, Infinite Winter, tuvo lugar entre el 31 de enero y el 2 de mayo de 2016.

Una bibliografía más o menos completa de los ensayos consagrados a la obra de DFW ocuparía un espacio inasumible para este modesto ejemplo –ya no digamos si añadiéramos las tesis doctorales–, pero cabe destacar títulos como *Understanding David Foster Wallace* (University of South Carolina

Press) de Marshall Boswell; *Consider David Foster Wallace* (Sideshow Media Group) de VV. AA.; *David Foster Wallace's Infinite Jest: A Reader's Guide* (Continuum) de Stephen J. Burn; *David Foster Wallace: Fiction and Form* (Bloomsbury Academic) de David Hering; *The Cambridge Companion to David Foster Wallace* (Cambridge University Press) de VV. AA.; *Elegant Complexity: A Study of David Foster Wallace's Infinite Jest* (Sideshow Media Group) de Greg Carlisle, y *[The Legacy of] David Foster Wallace* (University of Iowa Press) de VV. AA. Una medida de la profundidad, riqueza y ambición del corpus de DFW nace de asistir al carácter multidisciplinar de los trabajos dedicados a su estudio, en algunos casos de una ultraespecialización muy llamativa. Algunos botones de muestra: en *The Unspeakable Failures of David Foster Wallace: Language, Identity and Resistance* (Bloomsbury Academic), Clare Hayes-Brady conecta la exploración de la idea de «error» y la falta de cierre (*closure*) en sus textos con las políticas económicas neoliberales de Estados Unidos; Mary Shapiro dedica *Wallace's Dialects* (Bloomsbury Academic) a analizar su empleo de dialectos regionales y sociales (inglés, judío, afroamericano, del Medio Oeste, sureño y de Boston); Adam Miller aplica una lectura religiosa a su obra en *The Gospel According to David Foster Wallace* (Bloomsbury Academic), y en la pieza que firma en la compilación *Consider David Foster Wallace* (Sideshow Media Group), Graham Foster pone el foco en el interés del autor por canalizar su crítica a la mercantilización omnipresente por medio de elementos paisajísticos y medioambientales.

A toda esta ingente cantidad de atención académica –reunida bajo el paraguas de los «David Foster Wallace Studies»– cabe añadir un goteo ininterrumpido de actos públicos –seminarios, conferencias, charlas…–, organizados en su mayoría por The International David Foster Wallace Society, entre los que destacan las jornadas que anualmente se celebran en la University of Texas (Austin), cuyo Harry Ransom Center –a un tiempo archivo, biblioteca y museo– posee los fondos del autor, los más consultados año tras año pese a competir con los de media docena de premios Nobel, entre ellos, Samuel Beckett, Gabriel García Márquez, Doris Lessing o J. M. Coetzee, a lo que se añade material de trabajo de clásicos como Mark Twain, Edgar Allan Poe, Virginia Woolf, Lewis Carroll, Gertrude Stein, Oscar Wilde o Ernest Hemingway. Otros destacados centros universitarios estadounidenses –y un buen número de europeos como la Sorbona en París o la Universidad Libre de Ámsterdam– también han acogido jornadas literarias consagradas a DFW, a veces como extensión a asignaturas sobre su obra dentro de licenciaturas, posgrados o másteres de temática tanto literaria como filosófica.

La cultura popular también se hizo eco de *La broma infinita*, lo que supone algo fuera de lo común para una novela de su exigencia y dimensiones (aunque su «hipertrofia» fue uno de los elementos recurrentemente destacados). Una cosa es la mención a fenómenos de entretenimiento masivos como la saga de *El Señor de los Anillos* o *Harry Potter* en formatos no literarios y otra a una novela de más de mil páginas con la adicción en su núcleo y un arsenal de recursos expresivos que probablemente desincentivaría al 99,9 por ciento de la audiencia. Podríamos convenir que aparecer en *Los Simpson* es la prueba definitiva de que uno ha entrado en «la conversación global», y fue en el vigésimo segundo episodio de la trigésima temporada –«¿Quién ha sido?», emitido el 5 de mayo de 2019 en Estados Unidos por la cadena Fox– donde la novela de DFW tuvo su particular cameo. En este episodio, centrado en la investigación de un robo por parte de Lisa Simpson, la novela es leída por el personaje de King Toot, el dueño de la tienda de instrumentos musicales de Springfield, mientras la hija mediana de la familia prueba diversos saxofones en su negocio. La tardanza de Lisa en decidirse exaspera a Toot, a quien en las grabaciones de las cámaras de seguridad vemos avanzar por el libro hasta terminarlo. Esta no supondría la única referencia al autor en la legendaria serie de animación creada por Matt Groening, pues con anterioridad, concretamente en el episodio «Algo muy divertido que Bart no volverá a hacer» –el decimonoveno de la vigésimo tercera temporada, emitido originariamente el 29 de abril de 2012–, se producía una relectura libre del mítico reportaje «Algo supuestamente divertido que nunca volveré a hacer» que DFW publicó en *Harper's Magazine* en 1996 antes de titular una colección de sus piezas. El propio escritor aparecía fugazmente en una escena situada en la sala de fiestas de un transatlántico, del amarillo cutáneo preceptivo, luciendo esmoquin en vez de su característica bandana.

Se da la circunstancia de que DFW tenía una opinión ambivalente sobre *Los Simpson*, que consideraba un producto cultural brillante –llegó a definirlo como «arte significativo»–, al tiempo que su acento constante en el cinismo, la ironía y la parodia lo convertían en clara ilustración de la falta de humanidad y empatía que transmitía buena parte del mercado del entretenimiento *made in USA* –también llegó a definirlo como «implacablemente corrosivo para el alma»–, uno de sus recurrentes caballos de batalla. Otras exitosas series de animación estadounidenses que incluyeron referencias a *La broma infinita* fueron *American Dad*, que jugó con la segunda de sus más publicitadas esencias, la complejidad, pues su lectura venía a representar una prueba de inteligencia de cara a subir en el escalafón de la CIA; y *Bojack Horseman,* que de manera mucho más elaborada trazó paralelismos temáticos y visuales entre la novela y las penurias del caballo antropomorfizado que la protagonizaba.

Dibujos animados aparte, series como *The Office* (en la que un personaje se llamaba Dave Wallace, a lo que se añade que el actor John Krasinski dirigió y produjo una adaptación de los cuentos *Entrevistas breves con hombres repulsivos*), *Parks and Recreation* (uno de cuyos capítulos toma en préstamo varios nombres de la novela, al tiempo que uno de los creadores, Michael Schur, posee los derechos audiovisuales de *La broma infinita*), *Man Seeking Woman* (en el que el libro funcionaba como arma de seducción al elevar el estatus intelectual de su presunto lector) o *Castle* encontraron la manera de introducir alusiones, directas o veladas, explícitas o sutiles, a la obra maestra de DFW. La esfera musical no ha sido ajena a su poder de atracción, con varias bandas de rock, punk rock o pop rock rindiéndole homenaje, entre las que cabe destacar el EP *Infinite Jest* que el grupo We Are The Fury, de Ohio, editó en 2006; el vídeo del tema «Calamity Song» en el que The Decemberists recrean uno de los episodios de la obra, o la canción «Finite Jest», en la que el rapero MC Lars se pone en la piel de Hal Incandenza.

Aunque una adaptación cinematográfica de la novela plantearía un desafío a tantos niveles que por el momento solo circulan falsos tráilers nacidos de esa base fan que profesa un culto cuasirreligioso al libro, una compañía teatral alemana de perfil experimental, Hebbel am Ufer, se atrevió a ponerlo en escena en 2012 durante una única representación que se expandió a lo largo de veinticuatro horas en ocho localizaciones repartidas por Berlín. A la espera de comprobar si algún megalómano se anima a verterla al celuloide, habrá que consolarse con la parte de su intrahistoria que capturó James Ponsoldt en la película *The End of the Tour*, partiendo de *Aunque por supuesto terminas siendo tú mismo*, el libro en el que el periodista de *Rolling Stone* David Lipsky recogió sus conversaciones con DFW durante el último tramo del tour promocional de *La broma infinita* en Minneapolis-Saint Paul.

En resumen, desde intentos honestos y esforzados por recoger sus preocupaciones hasta cartas de amor, pasando por prolongaciones de su reducción a una manifestación artística endemoniadamente compleja e imposiblemente larga, la obra ha permanecido en el foco cultural y lúdico durante décadas. Al mismo tiempo en la Sorbona que en Springfield, ¿cuántas pueden decirlo?

10

En el momento de su muerte, el 12 de septiembre de 2008, DFW había semidesaparecido del radar literario. Habían transcurrido doce años de su segunda y última novela, *La broma infinita*, cuya atención se había desplazado mayoritariamente al ámbito académico; los relatos recogidos en *Extinción*, los más exigentes y sombríos de su bibliografía, databan de 2004 y, en el plano de la no ficción, ni los reportajes y artículos de *Hablemos de langostas* (2005) ni su ensayo sobre el concepto de infinito mediante la figura del matemático alemán Georg Cantor, *Everything and More. A Compact History of Infinity* (2003), por mucho que recordaran su voracidad intelectual y capacidad analítica, eran precisamente propulsores hacia los laureles de antaño. La ocasional publicación de algún extracto de *El rey pálido*, a la postre su novela póstuma, aparecida en 2011, renovaba la ilusión de los *howling fantods* de que el autor estaba consagrado a un proyecto a la altura de *La broma infinita*. La imposibilidad de tirar adelante el libro por una suma de factores –recrudecimiento de la depresión, el desafío mayúsculo (¡incluso para él!) de convertir en material literario atractivo el tedio que consume a los inspectores de Hacienda...– explica en gran parte –y así lo han argumentado tanto su viuda como su biógrafo– la decisión de DFW de acabar con su vida.

Ya se sabe que no hay nada como la muerte prematura, y quizá aún más si es resultado de un suicidio, para reconfigurar la figura pública y la obra de un creador o un artista, y el caso de DFW fue un ejemplo paradigmático. De un corpus literario inmensamente rico y complejo, lleno de capas y contradicciones, se extrajo y difundió el mensaje de perfil más moral, el que más acercaba a su autor a un guía espiritual y consejero. He aquí al hombre que había demostrado que había luz al final del túnel y posibilidad de redención tras tocar fondo; que había alertado acerca del mortificante bucle del entretenimiento; que nos había animado a recuperar la conexión con el otro y salir de la prisión solipsista, y que nos había recordado la importancia de neutralizar las incesantes demandas del ego y los cantos de sirena de la gratificación fácil. Probablemente nada contribuyó tanto a este reduccionismo como la viralización de su discurso en la ceremonia de graduación de los estudiantes del Kenyon College en 2005, una oda a colocar la empatía y la comprensión en el centro de la vida adulta, que acabaría recogiéndose en forma de libro con el título *Esto es agua*. Para mucha gente, una charla de veinte minutos dirigida a unos jóvenes, constreñida por el formato de este tipo de actos (ofrecer un surtido de lecciones, consejos, ánimos…) y que su autor nunca pretendió que circulara y aún menos ver publicada, supuso su primer contacto con DFW. Aunque seguro que el discurso sirvió de puente hacia otros trabajos del escritor, tuvo el efecto perverso de «santi-ficar» su figura, escorándola hacia algo parecido a un gurú y que encaja en esa idea estadounidense tan cursi de «demasiado bueno para este mundo». (Sería curioso ver qué pensaría el autor de la pro-liferación de tatuajes con el título de *Esto es agua*, o con frases extraídas de su exhortación al alum-nado universitario, desde el momento en que uno de los personajes secundarios de la Ennet House, Tiny Ewell, se dedica obsesivamente a analizar el origen y el significado de todos los ejemplos con los que se cruza. No es de extrañar que concluya que los tatuajes con nombre de mujer sean los que pro-vocan más arrepentimiento, caso que refleja el del propio autor).

DFW se habría sentido horrorizado con seme-jante proceso de beatificación, pero la posteridad le tenía guardados más disgustos. Uno en forma de la mencionada película, *The End of the Tour* (2015), de James Ponsoldt, libre adaptación de los cinco días en los que DFW y David Lipsky discutieron sobre todo tipo de temas con la idea de que el se-gundo escribiera un perfil para *Rolling Stone*, el cual no llegó a completar, si bien volcó la transcrip-ción de las cintas en el citado *Aunque por supuesto terminas siendo tú mismo* (2010). (Otra consecuen-cia de la muerte de DFW fue el aprovechamiento de quienes estuvieron en mayor o menor contacto con él para sacar rédito comercial, al modo de orga-nismos parasitarios, entre los cuales se llevaron la palma los que se dedicaron a vender en subasta su correspondencia privada con el autor). Pese a las buenas críticas que mereció la película y el trabajo de Jason Segel en la piel del protagonista, también hubo lamentos por lo que se vio como otro ejercicio de simplificación de su figura, en la que las neurosis parecían tomar el mando. Más madera para proyectar una determinada imagen, la del escritor plagado de demonios personales, pero de corazón bondadoso y empecinado en crecer como persona. Javier Calvo lo resumía muy bien en una ponencia titulada «David Foster Wallace: Circunloquios y diálogos de besugos»:

> Y todo el análisis de su obra solo se puede escribir en términos de mitos. Para empezar, el mito que construyeron los *millennials* para poder asimilar una figura por lo demás incomprensible. Y para eso, qué mejor que un biopic. David Foster Wallace versión Sundance. El escritor con los nervios a flor de piel. Con todo a flor de piel. Adicciones y procesos creativos tormentosos. Canciones de R.E.M., bandanas, opiáceos e intentos de suicidio. Kurt Cobain con plaza titular de enseñanza de posgrado.

La mención a los *millennials* no es baladí, pues tanto *Esto es agua* como *The End of the Tour* sin duda descubrieron al autor a mucho público joven, y solo cabe cruzar los dedos para que esta aproximación a través de lo más anecdótico y vicario fuera un mero pórtico hacia las honduras de su obra.

El otro gran revés *post mortem* vendría de la mano del Me Too, de la cultura de la cancelación y del movimiento *woke*. Los *tweets* de la escritora Mary Karr de 2018 acusando a DFW de malos tratos; las críticas al exceso de testosterona y a la escasez de personajes femeninos (con cierto énfasis en su belleza y cualidad de perdición para los hombres) de *La broma infinita*; la difusión del malentendido de que esta era una lectura para «tíos», y la controversia por emplear jerga afroamericana que podía resultar ofensiva en la sección dedicada al personaje de Wardine activaron campañas de desprestigio a autor y novela. Desde un puesto defensivo exclusivamente literario, cabe recordar que el autor denunció la visión «falocéntrica» y «narcisista» de autores como John Updike, Philip Roth o Norman Mailer en su reseña de la novela del primero, *Towards the End of Time*, publicada por *The New York Observer* bajo el título «John Updike, Champion Literary Phallocrat, Drops One; Is This Finally the End for Magnificent Narcissists?», y que cualquiera que lea el retrato de los personajes misóginos en *Entrevistas breves con hombres repulsivos* puede sentir la náusea que le provocaban a su creador. Seguro que DFW tuvo un comportamiento censurable en algunos momentos de su vida, pero su visión de la toxicidad de ciertas actitudes masculinas (con las que caben pocas dudas de que debía lidiar a título personal) es un tema recurrente a lo largo de su obra, y *La broma infinita* no es una excepción, a lo que se añade la necesidad de aplicar la perspectiva del momento, unos años noventa menos sensibles a la igualdad de derechos y a las minorías, por ejemplo.

Para enredar más el asunto, no hubo persona con mayor ascendente sobre la novela que Mary Karr, la mujer con la que mantuvo una relación tormentosa, y con algún episodio violento, en el momento vital probablemente más bajo para ambos –se conocieron en rehabilitación–; la mujer a la que quiso impresionar y de la que recibió el consejo práctico más valioso –que el libro fuera personal, no el producto de una «escritura ingeniosa/habilidosa»–; la mujer con la que rezaba, que le pasaba libros de autoayuda y que no consiguió que se convirtiera al catolicismo, como sí hizo ella; la mujer que aseguró que se habían perdonado todo el daño infligido mutuamente a través de cartas y llamadas telefónicas; la mujer que le dedicó un poema tras su muerte, «Suicide's Note: An Annual», críptico y ambivalente, en el que se citan la rabia y la aflicción (el último verso dice: «We sigh you out into air and watch you rise like rain»).

En definitiva, ni santo ni monstruo. O expresado de otro modo: las cosas siempre son más complicadas de lo que parecen.

Posdata
Hacia el infinito

DFW publicó una novela que ciertamente parecía una broma infinita. Más de mil páginas y casi cuatrocientas notas dedicadas a centenares de personajes, en las que confluyen prodigios del tenis y adictos a las drogas y al alcohol atrapados en circunloquios recurrentes, una cinta de vídeo asesina y terroristas quebequeses en sillas de ruedas; en las que la Estatua de la Libertad sostiene una hamburguesa en vez de una antorcha por motivos comerciales; en las que la gente idea máscaras tecnológicas para idealizar su rostro en llamadas de videoteléfono y Estados Unidos vierte residuos tóxicos en sus vecinos.

DFW publicó una novela imposible, a un tiempo abstrusa y fascinante, por momentos abrumadoramente densa y especializada, y capaz de hipnotizar al lector, de hacerlo flotar en un reino lingüístico pródigo en maravillas; rondada por dioses como Shakespeare, Dostoievski o James Joyce, pero atravesada por un sentido del humor desternillante; un animal extraño, inasequible a clasificaciones –¿era posmoderna? ¿Posposmoderna? ¿Ciencia ficción con toques de realismo mágico? ¿Realismo histérico? ¿Una indigestión de Pynchon y DeLillo? ¿Desprecinta una nueva categoría?–, que rompía con buena parte de las convenciones narrativas –una estructura en apariencia rota en mil pedazos y sin un final en sentido convencional–, decidida a que su arranque fuera un entrenamiento militar o un retiro monacal de los que dejan a los aspirantes al ingreso en sus respectivas órdenes huyendo a la carrera, pero solo para generar adictos a su prosa entre unos supervivientes (con la ironía de la problemática de la adicción en su centro) que luego devendrían apóstoles de un libro al que considerarían poco menos que sagrado.

DFW publicó una novela que también volvió locos a cuantos trabajaron en el texto –centenares de páginas eliminadas y setecientos doce mil errores tipográficos por corregir– y a cuantos estudiaron el texto –imposible dar una cifra aproximada de la suma de ensayos, trabajos académicos y artículos que se le han dedicado; y como dato curioso: es de los pocos títulos que cuentan con su propio hilo en la plataforma Reddit–. La onda expansiva del título queda condensada en el título de este análisis de Adam Kelly: *David Foster Wallace: The Death of the Author and the Birth of a Discipline.*

DFW publicó una novela privada de los grandes premios literarios de su tiempo, pero bendecida por la cultura popular y del entretenimiento (el mismo día en que escribo estas líneas, me encuentro con una referencia al autor en la recién estrenada serie *The Lowdown*, concretamente en una escena en la que Ethan Hawke hace un apunte sobre la verdad que esconden los clichés, comentario al que Peter Dinklage responde con un «No me cites a David Foster Wallace, hermano», y estoy ya corrigiendo las pruebas cuando se me cruza una velada mención al suicidio de DFW en el sexto episodio de la sexta temporada de *Rick y Morty*, y cuando leas esto no es descartable que se haya producido un nuevo guiño que lamentaré no haber podido sumar a la lista), que le granjeó a su responsable una fama difícil de concebir hoy en día para un escritor –durante un tiempo tuvo que cambiar de número de teléfono y hacer reservas en restaurantes con un nombre falso–; que conectó con el *angst* de sucesivas generaciones de jóvenes –generación X, *millennials*, generación Z–, erigiéndose en una suerte de *El guardián entre el centeno* del cambio de siglo, y que no se ha librado de las fluctuaciones en la sensibilidad de la época (reniego y cancelación donde antes hubo asombro y admiración).

DFW publicó una novela que contiene muchas, pero la gran pregunta sería por qué seguimos hablando de ella, yo escribiendo este librito y tú leyéndome (gracias). Si solo fuera por desplegar una prosa con la potencia de una ojiva nuclear, inventiva a raudales, experimentación ingeniosa... lo más probable es que no estuviéramos aquí; tampoco si los mensajes bienintencionados que contiene hubieran adoptado una forma menos desafiante.

Es como si DFW hubiera buscado el camino inverso y la formulación opuesta de esos clichés que encontró en las reuniones de Alcohólicos Anónimos, y cuya simplicidad pasó de parecerle insultante a iluminadora: la importancia de la sinceridad, la atención, la conexión con el prójimo, la apertura emocional y sentimental... Solo un texto complejo y arduo, que en su propio lenguaje, estilo y estructura reflejara la lucha de sus protagonistas por recuperar la humanidad perdida en un mundo saturado de distracciones e intereses, podía hacerle justicia a sus intenciones. Poner las cosas fáciles habría ido contra la raíz misma del proyecto: DFW requería de nuestra atención y nuestro esfuerzo para señalarnos las recompensas de nuestra atención y esfuerzo.

En el diálogo que Byung-Chul Han propone con Simone Weil en *Sobre Dios*, el filósofo de origen coreano lanza reflexiones como «la crisis actual de la atención está ligada al hecho de que queramos comerlo todo, consumirlo todo, en lugar de mirarlo. La percepción voraz no requiere atención alguna» o «la digitalización acelera enormemente la puesta a disposición total de la realidad. Nos acostumbra a que todo sea inmediatamente alcanzable, disponible, calculable y consumible. De este modo, debilita la atención». Atención, atención, atención. Si hay algo que demanda *La broma infinita* es nuestra atención, mientras acompañamos a sus principales criaturas en una batalla tras otra por aprender a qué deben prestar atención. Simone Weil vinculó la atención con la oración, la humildad y la inteligencia. *La broma infinita* puede verse como una larga plegaria por nuestra alma de la que uno sale más humilde y más inteligente.

Un paréntesis para huir un momento de tanta trascendencia recordando que la novela también es: 1) endiabladamente divertida, como en esta descripción de una de las películas experimentales de J. O. Incandenza:

La principal y más famosa imagen clave de El siglo americano visto a través de un ladrillo es una cuerda de piano vibrando –un re mayor, según parece– y emitiendo un sonido ciertamente solitario, muy dulce y sin adornos, y luego aparece un pequeño dedo gordo, un dedo gordo pálido, húmedo y romo, pero sucio con restos de algo con mala pinta incrustados en uno de los rincones de la uña, un dedo pequeño y desigual, claramente un dedo infantil, y cuando toca la cuerda del piano el agudo sonido dulzón desaparece en el acto. Y el silencio que sigue es insoportable. Más adelante, después de numerosas escenas panorámicas corrosivas y didácticas que siguen al ladrillo en su recorrido, volvemos a la cuerda de piano; desaparece el dedo y vuelve a sonar el sonido agudo y dulzón, extremadamente puro y solo, y no obstante y de algún modo, a medida que aumenta el volumen, hay algo podrido por debajo, hay algo de un dulzón enfermizo y demasiado maduro y potencialmente pútrido en el nítido re mayor, y a medida que su volumen aumenta y aumenta, el sonido se vuelve más puro y más fuerte y más disfórico hasta que, después de unos segundos sorprendentes, nos encontramos en medio del sonido puro y seco añorando y quizá orando por el retorno del dedo natal para que lo haga desaparecer.

... y 2) tan ingeniosa que es capaz de obrar milagros con una simple alfombra:

La alfombra del dormitorio de mis padres era gruesa y de un azul más fuerte que el pálido azul del resto de la habitación. Recuerdo la alfombra como de un azul marino, con el punto de saturación entre moderado y fuerte. La extensión rectangular de la alfombra azul marino que había estado oculta bajo la cama estaba a su vez alfombrada por una gruesa capa de polvo coagulado. El rectángulo de polvo era gris blanquecino y grueso y de capas desniveladas; la única evidencia de la alfombra que había debajo era un leve matiz azulado y enfermizo en la capa de polvo. Parecía como si el polvo no se hubiese amontonado debajo de la cama y aposentado en la alfombra dentro del armazón, sino que de algún modo hubiera arraigado y crecido allí, igual que el moho poco a poco llega a cubrir toda la superficie de una comida podrida. La capa de polvo parecía comida podrida, requesón en mal estado. Era nauseabunda. Algo de su desigual topografía se debía a ciertos objetos perdidos, pequeñas cosas que se habían abierto paso debajo de la cama –un matamoscas, una revista del tamaño de *Variety*, varios tapones de botella, tres Kleenex arrugados y algo que probablemente era un calcetín– y que el polvo había recubierto dándoles una nueva textura.

La atención a nuestra vulnerabilidad congénita, reforzada por la creciente atención a los problemas de salud mental, también juega a favor de la perenne actualidad de *La broma infinita*. De hecho, la novela abre con la crisis nerviosa que sufre Hal Incandenza mientras es objeto de una entrevista por el tribunal de admisiones de la Universidad de Arizona, la cual provoca su ingreso hospitalario. A lo largo de la novela, el lector es invitado de forma reiterada a imaginarse dentro de mentes paralizadas por la ansiedad o el pánico, al borde de un ataque psicótico o en medio de estados alucinógenos inducidos por el consumo de drogas, al tiempo que la depresión y el suicidio aparecen de forma reiterada. La realidad –hiperexigente, hiperestimulada, hiperIRREAL– es insostenible para muchos personajes, y la pregunta que recorre el libro es qué sociedad hemos construido para generar tantos individuos enfermos. Sin embargo, lejos de mejorar, la omnipresencia de todo tipo de plataformas y de las redes sociales ha agudizado los problemas sociales derivados de la potenciación de la esfera virtual, y la llamada de DFW a salir del aislamiento, a vivir fuera de nuestra cabeza, a tomar conciencia de que es el mundo que hemos diseñado lo de verdad psicótico y no nuestra conciencia, se antoja, treinta años después de la publicación de *La broma infinita*, más pertinente que nunca.

Esta sensibilidad hacia la inestabilidad mental –y con un adolescente atribulado como Hal siendo lo más parecido a un núcleo que tiene un libro que es epítome de la fragmentación– explica en parte la conexión ininterrumpida de la juventud con *La broma infinita*. Aunque desde su aparición la atracción de los jóvenes por la obra ha provocado desconfianza, viéndose como mera pose o adscripción a una onda *hype*, la red rebosa de pódcast, prescripciones en TikTok o Instagram, y participaciones en clubes de lectura –¿puede que *La broma infinita* sea la novela contemporánea que ha generado más iniciativas de lectura colectiva?– con posadolescentes y veinteañeros. No hay duda de que el libro atrajo a interesados en la cultura de tendencias para luego reciclarse en obra de culto en el sentido de «admiradores del aura en vez del contenido» y más recientemente en título idóneo para practicar *performative reading* –básicamente, fingir en público que se leen obras sesudas para impresionar–, pero la instrumentalización ha convivido con el interés genuino.

El 1 de febrero de 2026 se cumplieron treinta años del lanzamiento de *La broma infinita* y, como ocurrió con el décimo, vigésimo y vigésimo quinto aniversario, la cobertura de la efeméride en la prensa, en redes, en encuentros literarios, etcétera, da medida de que el fuego no se ha apagado, de que siempre encuentra la forma de estar presente en la conversación. Más relevantes son las reediciones, prueba definitiva de vida, empezando por la del mercado estadounidense, con prólogo de Michelle Zauner, la escritora y vocalista del grupo Japanese Breakfast, de origen surcoreano y bisexual –*the times are changing*, si tenemos en cuenta que fue Dave Eggers quien firmó la edición del décimo aniversario–, y siguiendo por la del español, el italiano…

La mayor paradoja es que DFW, fallecido por su propia mano a los cuarenta y seis años, dejó para la posteridad una novela que, bajo toneladas de elogios y estudios críticos, fandom y controversias, básicamente, bajo toneladas de capas, pretendía ser el «libro de autoayuda» más diabólicamente complejo y estimulante jamás concebido –en última instancia, el libro va sobre «razones para vivir», según el periodista David Streitfeld; sobre «cómo vivir de forma significativa en el presente», según el biógrafo D. T. Max–.

Cuando la depresión que lo había perseguido desde la adolescencia volvió a atacar con fuerza, y de forma ya irremediable, en los últimos años de su vida, DFW perdió las ganas de todo, declaró su viuda, Karen Green, en una entrevista con *The Guardian*, pero fue la imposibilidad de escribir lo que le dio el golpe de gracia. «Hay un lugar que puedes alcanzar cuando escribes o practicas alguna actividad artística, un lugar genuinamente humano. Un lugar de conexión. Con el cerebro que tenía David, la forma en que estaba cableado y funcionaba, al final le resultaba muy difícil acceder a ese lugar». Seguro que a DFW le gustaría saber que, tres décadas después, *La broma infinita*, esa llamada a la conexión interpersonal, ese intento por hablar de lo genuinamente humano, continúa viva.